I0139302

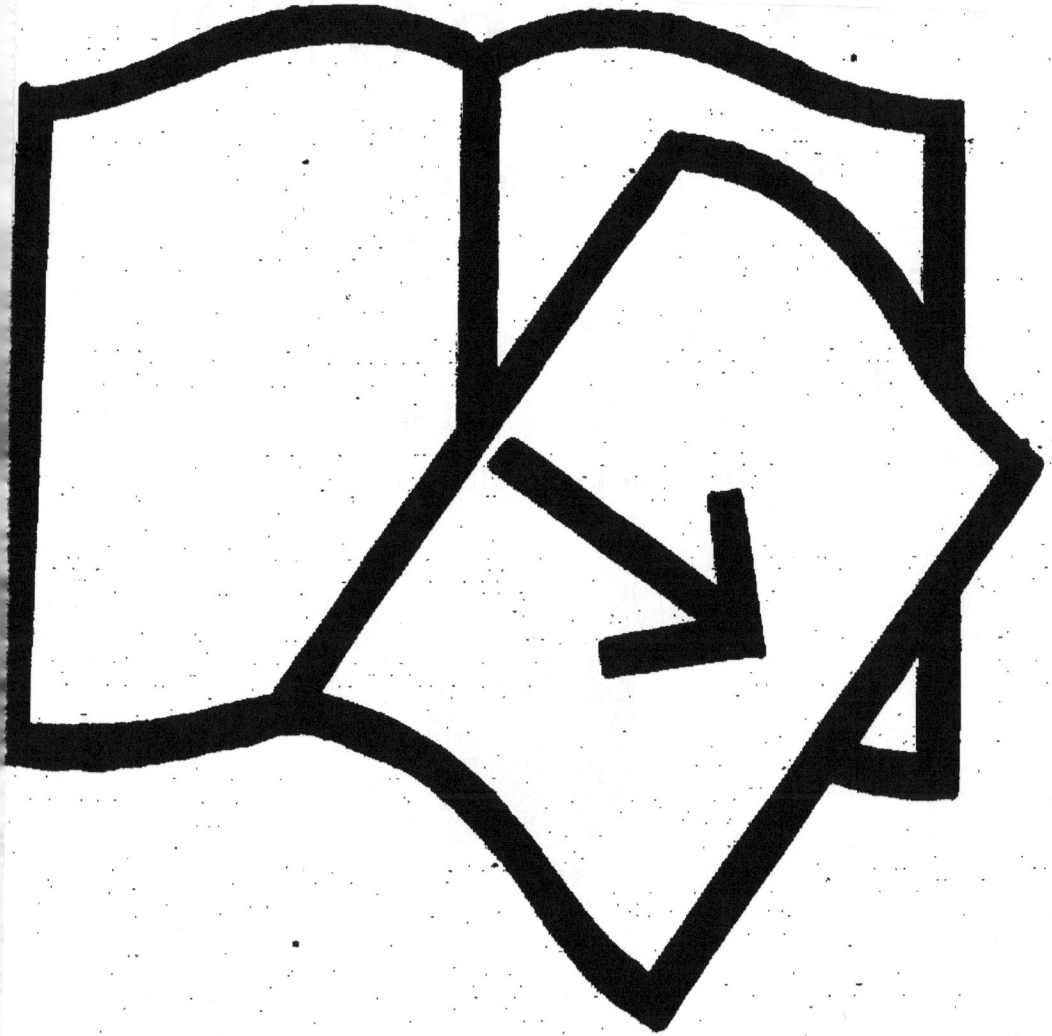

Couvertures supérieure et inférieure
manquantes

L'AUVERGNE

HISTOIRE — MONUMENTS

PAR

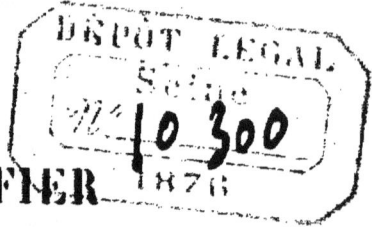

R. JALLIFFIER

Professeur au Lycée Blaise Pascal.

PARIS

LIBRAIRIE CH. DELAGRAVE

58, RUE DES ÉCOLES, 58

—

1876

L K 2 2867

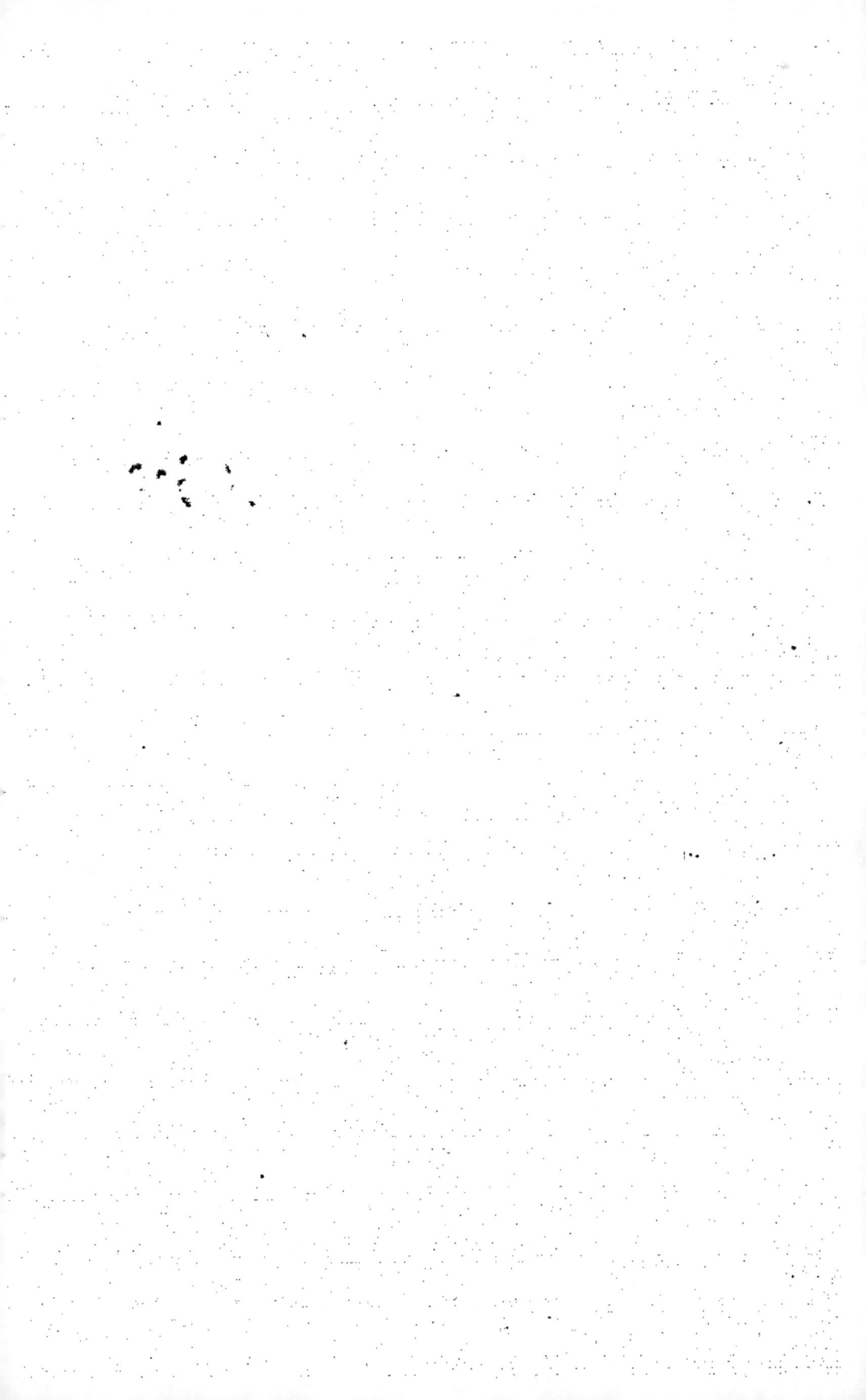

NOTICE HISTORIQUE

SUR

L'AUVERGNE

J. L'Auvergne. — Les premiers habitants de la Gaule. — Religion.
Mœurs. — Organisation politique.

I. L'Auvergne. — On donnait avant 1789 le nom d'Auvergne
au pays qui a formé depuis les deux départements du Puy-de-
Dôme et du Cantal, ainsi que l'arrondissement de Brioude, dans
la Haute-Loire. Cette province est située dans la partie la plus
élevée du vaste plateau qui occupe le centre de la France.

II. Divisions. — Elle se divise physiquement et se divisait
politiquement, sous l'ancienne monarchie, en deux parties : la
Haute Auvergne et la *Basse Auvergne*.

III. La Haute Auvergne. — La Haute Auvergne se trouve à
la jonction des monts de la Margeride et des monts du Cantal;
elle s'étend aussi sur les pentes méridionales de ces deux chaînes,
et verse au Lot la Trueyre, à la Dordogne la Cère, grossie de la
Jordanne qui arrose Aurillac. Le massif du Cantal est formé
de basalte; il affecte les formes les plus pittoresques et renferme un grand nombre de pics aigus aux flancs escarpés : le

points culminants sont le Plomb du Cantal (1856 mètres), le Puy Mary et le Puy Violan.

IV. Basse Auvergne. — La Basse Auvergne est, à proprement parler, la vallée de l'Allier de Langeac à Vichy. Cette vallée est d'abord étroitement resserrée entre deux chaînes de montagnes; à partir d'Issoire elle s'élargit peu à peu et forme la plaine de la *Limagne*, célèbre par sa fertilité.

V. Mont Dore et monts Dômes. — La chaîne qui borde la vallée à l'ouest est la plus importante : elle se compose du mont Dore et des monts Dômes. Les deux massifs sont également remarquables, le premier par ses déchirures profondes, ses lacs, ses eaux thermales et ses pics, dont l'un, le Puy de Sancy, est la plus haute montagne du centre de la France (1886 mètres); le second par ses innombrables boursouflures volcaniques, ses Puys de forme conique (le Puy de Dôme, 1464ᵐ), ses cratères (le cratère du Puy de Pariou a 93ᵐ de profondeur), et ses longues coulées de lave. Le mont Dore donne naissance à la Dordogne, les monts Dômes à la Sioule, affluent de l'Allier.

VI. Monts du Forez. — A l'est, la vallée de l'Allier est bordée par les monts du Forez un peu moins élevés que les monts d'Auvergne, mais âpres et très-pauvres. Ils donnent naissance à la Dore et à son affluent, la Durolle, qui coule au fond des gorges pittoresques à l'entrée desquelles s'élève la ville de Thiers.

VII. Les Gaëls. — Les origines de toute histoire sont enveloppées d'ombres épaisses, au milieu desquelles on aperçoit confusément quelques grands faits seulement. L'histoire d'Auvergne ne se distingue pas au début de celle de la Gaule tout entière, et celle de la Gaule est pleine d'incertitude et d'hypothèses. On croit que les premiers habitants de notre pays furent les Gaëls, immense migration venue d'Asie et établie peut-être dès le XVIe siècle avant Jésus-Christ dans toute l'Europe occidentale.

« Les *Gaëls* primitifs, tatoués, ou le corps teint d'une couleur bleue extraite du pastel, armés de haches et de couteaux de pierre, de flèches à pointes de silex, d'épieux durcis au feu, de longs et étroits boucliers de bois, devaient offrir une certaine ressemblance avec les sauvages belliqueux de l'Amérique du Nord ou de la Nouvelle-Zélande (1). » Ils vivaient de pêche ou de chasse poursuivant dans les forêts qui couvraient alors d'immenses étendues, des animaux qui depuis ont disparu de nos régions ou ont été réduits à l'état domestique, le renne, l'élan, l'auroch, le cheval sauvage. Ils étaient pasteurs en même temps que chasseurs ; probablement ils se livraient déjà un peu à l'agriculture. Ils habitaient dans des grottes, dans des souterrains ou dans des cités lacustres et les excavations nombreuses du Périer (près d'Issoire) et du mont Cornadore (Saint-Nectaire) sont probablement les demeures grossières de nos premiers ancêtres.

VIII. Les Celtes. — Les Kymris. — Les Belges. — Le nom de *Gaëls* est celui de la race tout entière, celui de *Celtes* désigne une de ses branches les plus importantes, la puissante confédération qui occupait une grande partie de la France actuelle. Ceux de Kymris et de Belges s'appliquent à des émigrations de même origine mais d'époques différentes. Les premiers vinrent d'Asie vers le VIe siècle, les seconds au IVe siècle avant Jésus-Christ. Chacune

(1) H. Martin.

de ces invasions détermina d'immenses mouvements de population : plusieurs fois la Gaule trop pleine déborda sur les nations voisines ; les Celtes allèrent en Espagne se mêler aux Ibères, les Kymris en Italie conquérir la vallée du Pô et faire trembler Rome, les Belges jusque dans la Thrace où ils bravèrent Philippe et Alexandre.

IX. Caractère des Gaulois. — Le caractère essentiel de cette race gauloise, qui remplit du bruit de son nom les premiers siècles historiques, c'est une bravoure extraordinaire : « ils jouent avec la mort, ils la recherchent, ils la provoquent ». Il ne leur suffit pas de l'affronter sur les champs de bataille ; dans leurs fêtes, dans leurs banquets, dans leurs jeux il est rare que le sang ne coule pas ; mais ce n'est pas le sang qu'ils aiment, c'est le combat ; les Gaulois n'ont pas la cruauté sombre de certaines races orientales. Ils combattent toujours loyalement : « simples et sans malice », ils dédaignent les ruses et les stratagèmes, leur valeur a quelque chose de *chevaleresque*, et presque seuls dans l'antiquité ils ont la notion du point d'honneur. Ils ne sont pas dépourvus au reste de qualités aimables, d'une certaine sociabilité. « Après le combat ce qu'ils aiment le mieux, dit Caton, c'est le beau langage. » Ils écoutent sans se lasser les chants guerriers ou religieux de leurs bardes ; ils sont curieux de toute connaissance nouvelle, ils accueillent bien les étrangers et les interrogent avidement. Ils aiment les réunions, et cependant les troublent sans cesse par leur humeur querelleuse ; « il semble qu'ils ne puissent vivre les uns sans les autres, ni les uns avec les autres » (1).

X. Religion. — Mais leur véritable supériorité est dans leur religion. Leurs dieux principaux représentent, comme dans la plu-

(1) H. Martin.

part des religions antiques, les forces de la nature ou de l'intelligence : *Tarann* le tonnerre, *Camul* la guerre, *Belen* le soleil,
Gwyon ou *Teutatès* la science, la poésie, l'éloquence; *Esus* est le
dieu suprême, le chêne est son symbole. Mais ces croyances n'abou-
tissent pas à l'idolâtrie, comme chez la plupart des peuples primitifs; elles restent pour ainsi dire spiritualisées : ces dieux n'ont
pas d'autres sanctuaires que les forêts, « la voûte des chênes »;
ils ont des symboles, mais point de ces représentations grossières
auxquelles s'adressent les hommages des peuples ignorants, et par
lesquelles s'obscurcit et s'efface peu à peu l'idée de la divinité.
Enfin les Gaulois ont eu plus que toute autre race la notion ferme
et claire de l'immortalité de l'âme. « Voilà ce qu'ils ont révélé au
monde, voilà le secret de leur gloire et de leur génie. »

XI. Les Druides. — Les dépositaires de ces doctrines élevées
étaient les prêtres, les *druides*. Leur science et le mystère dont ils
l'entouraient leur donnaient une grande autorité; ils exerçaient parfois les fonctions de législateurs et de juges; les cérémonies de
leur culte étaient tantôt riantes, comme la cueillette du gui sacré
dans les forêts de chênes, tantôt terribles, comme les sacrifices
humains qu'ils offraient à leurs dieux irrités. Ils formaient une
puissante corporation qui avait son centre dans le pays des Carnutes (Chartres).

XII. Monuments. — Les Gaulois n'avaient, nous l'avons dit, ni
temples, ni statues de leurs dieux. Il nous reste cependant de leur
culte plusieurs sortes de monuments : l'Auvergne en renferme
quelques-uns. Les dolmen (tables de pierre posées horizontalement
sur deux blocs de pierre) (à Saint-Nectaire, à Saint-Amand-*Roche-
Savine*); les *menhirs* ou *pierres levées*, fichées verticalement en

terre (à Davayat, à Thedde, etc.); les *pierres branlantes*, posées
en équilibre sur un quartier de roche (la Roche-Deveix, près de
Rochefort); les *allées couvertes*, les grottes des fées (à Olloix),
les *tumuli* ou *tombelles*, de forme pyramidale ou conique. On
pense que la plupart de ces monuments indiquaient la tombe de
personnages illustres ou servaient aux sacrifices.

XIII. Les Cités. — Entre les différentes fractions de la race
gauloise le lien politique était très-faible. Il y avait en Gaule un
grand nombre de *cités*, ou États à peu près indépendants les uns
des autres et le plus souvent en lutte avec leurs voisins. Chaque
cité renfermait plusieurs cantons, ou *pagi*. Une puissante aristocratie territoriale gouvernait les cités, et le peuple, les hommes
libres, n'intervenaient guère que dans la nomination du magistrat
suprême; chaque cité avait une capitale, ville, ou plutôt place
d'armes, destinée à servir de refuge à la population en cas d'attaque, et située ordinairement dans un lieu élevé, d'un accès difficile.

XIV. Les Confédérations. — Certaines cités plus puissantes que les autres groupaient autour d'elles, sous leur protec-
torat ou sous leur domination, d'autres cités voisines et formaient
une *confédération*. Ainsi la cité des Arvernes, riche et belliqueuse,
avait dans sa clientèle les Velaunes (Velay), les Helves (Vivarais),
les Gabales (Gévaudan), les Ruthènes (Rouergue), les Cadurques
(Quercy), les Nitiobriges (Agénois); cette confédération des Arvernes était la plus redoutée du centre de la Gaule; elle était sans
cesse en querelle avec les confédérations voisines, principalement
avec celles des Éduens (Bourgogne).

XV. Luern. Bituitus. — L'un des premiers Arvernes dont l'histoire fasse mention est le roi Luern, qui, suivant Strabon, aimait à paraître en public monté sur un char d'argent, et à jeter de l'or à la foule. Lorsqu'en 124 avant Jésus-Christ les Romains fondèrent Aix et réduisirent en province romaine la partie méridionale du bassin du Rhône, les Arvernes inquiets se liguèrent contre eux avec les Allobroges, encore plus menacés. Leur roi, Bituitus, fils de Luern, conduisit une armée sur les bords du Rhône, près de Valence; à la vue du petit nombre des Romains : « Il n'y en a pas pour un repas de mes chiens », s'écria-t-il. Il fut vaincu cependant par le consul Fabius; et peu après, attiré à une conférence, il fut retenu prisonnier par le consul Domitius. Mais les Romains respectèrent l'indépendance des Arvernes.

La Gaule était, au commencement du 1ᵉʳ siècle avant Jésus-Christ, pleine de discordes que les Romains observaient avec soin, et fomentaient déjà : luttes entre les confédérations, entre les cités, et dans les cités même, entre une aristocratie oppressive et le parti populaire. Ces désordres allaient favoriser la conquête de César. On trouve en effet dans ses Commentaires cet aveu précieux à recueillir et toujours utile à méditer. « La Gaule unie, formant une seule nation, animée d'un même esprit, pourrait défier l'univers. »

XVI. Monuments et excursions historiques. — VII. *Grottes habitées par les populations primitives de l'Auvergne*: Les plus curieuses sont celles du Perrier (pr. d'Issoire, Puy-de-Dôme); on y a découvert des ossements fossiles; on peut voir aussi celles du mont Cornadore (pr. de Saint-Nectaire, P.-de-D); de Cornet (pr. d'Aurillac, Cantal). Quelques-unes ont dû servir de refuge aux populations pendant les invasions de la guerre de Cent ans. — XII. *Monuments mégalithiques.* Parmi ceux dont l'origine n'est pas douteuse, on cite ·

1.

les dolmens et les menhirs de Villars et d'Aubière près de Clermont, de Saint-Nectaire (P.-de-D.), de Dore l'Église (pr. d'Arlanc)
(P.-de-D.), de Saint-Amand-Roche-Savine (P.-de-D.), de Peyre-
Levade (pr. de La Roquebrou, C.); les pierres branlantes de Deveix
(près Rochefort, P.-de-D.), de Combronde (P.-de-D.); l'allée cou-
verte de Cournol (pr. d'Olloix, P.-de-D.), etc.

II. Conquête de l'Auvergne par les Romains. — Vercingétorix et César.
Gergovia. — Alésia.

I. César en Gaule. — Voici l'une des plus belles pages de
l'histoire de l'Auvergne, et le premier des noms illustres que la
province puisse inscrire dans ses fastes. Un héros Arverne, Vercingétorix, va tenir en échec le génie et la fortune de César, le
plus grand capitaine que Rome ait produit, et le plus heureux.

C'est en l'an 58 avant Jésus-Christ que Jules César entreprit la
conquête des Gaules. Pendant cinq ans il fut presque partout vic-
torieux, sur les bords de la Saône, de la Seine et de la Meuse, en
Belgique, en Armorique, en Germanie, dans la Grande-Bretagne.
Des tentatives de résistance héroïque, mais isolées, celles de
l'Éburon Ambiorix et du Trévire Indutiomar, furent cruellement
réprimées par lui. Cependant en 53 il ne s'était pas encore mesuré
avec les Arvernes : ceux-ci n'attendirent pas qu'il les attaquât.

II. Massacre des Romains à Genabum. — Vers la fin de
l'année 53, pendant que César, consacrant l'été à la guerre, l'hiver
aux intrigues politiques, se trouvait en Italie, les députés d'un
grand nombre de cités gauloises se réunirent mystérieusement
dans une forêt du pays des Carnutes (Chartres), et là, sous la
voûte des chênes, en présence des druides, devant les étendards

sacrés, ils jurèrent d'exterminer les Romains. Au jour convenu, les conjurés marchèrent sur Genabum (Orléans), et y massacrèrent tous les négociants romains. La nouvelle de cet événement vola de bouche en bouche avec une incroyable rapidité : en moins de douze heures elle franchit près de 200 kilomètres, et arriva au pays des Arvernes; elle y trouva un homme et un peuple disposés à l'accueillir

III. Vercingétorix organise la résistance. — Vercingétorix était fils d'un noble arverne, Celtilius, qui avait été mis à mort parce qu'il aspirait à la royauté. Héritier des richesses et de l'immense clientèle de son père, il avait facilement gagné la popularité; il était beau, robuste, éloquent, joignant aux qualités extérieures qui charment la foule, les hautes vertus qui la subjuguent. « Son nom même, dit un historien, inspirait la terreur. » Ce nom, qui signifiait : « *le grand chef des cent têtes* », était probablement un titre, ou peut-être un de ces surnoms retentissants, tels que ceux dont les chefs des tribus indiennes se parent encore avec orgueil. Depuis longtemps il se préparait à la lutte, et il y préparait les siens.

À la nouvelle du massacre des Romains, il essaya de soulever les habitants de Gergovia, la capitale des Arvernes, « pour l'antique liberté gauloise ». Chassé par les chefs de la cité, comme un agitateur dangereux, il eut bientôt rallié autour de lui le bas peuple des campagnes, les laboureurs de la Limagne, les pâtres, les montagnards, et rentrant à leur tête dans Gergovie, il fit de cette forte place le boulevard de l'indépendance.

Le chef de bande se révèle organisateur; il appelle à la résistance tous les peuples voisins, se fait livrer des otages, frappe de peines terribles toute défection, toute défaillance. Jamais la Gaule ne s'était sentie dirigée par une main aussi ferme, car c'était bien la Gaule entière qu'il voulait associer à ses efforts; l'idée d'une patrie commune apparaissait pour la première fois peut-être d'une façon distincte, et comme personnifiée en lui.

IV. César en Auvergne. — Son armée rapidement formée, il se mit en marche vers le nord pour soulever les cités de la Seine mal soumises, frémissantes. Déjà il touchait à la Loire, quand il apprit que César était en Auvergne. Les soldats de Vercingétorix, tremblant pour leurs familles et leurs foyers, forcèrent leur chef à les ramener chez eux.

César, en effet, au premier bruit du soulèvement, avait repassé les Alpes et mesuré le danger d'un coup d'œil : il fallait d'abord arrêter Vercingétorix. On était en plein hiver; malgré la neige, le Romain franchit « le mur des Cévennes », et parut sur les bords de l'Allier; puis, évitant par un détour l'armée gauloise qui revenait, il fondit à son tour sur les villes de la Loire et en livra plusieurs aux flammes.

V. Avaricum. — Vercingétorix comprit qu'il ne pouvait lutter de célérité contre César, ni se mesurer, avec des troupes indisciplinées, contre les légions romaines : il proposa aux siens un moyen cruel mais sûr : reculer devant l'ennemi en ravageant la campagne, ne lui livrer qu'un vaste désert, l'attirer enfin affamé, épuisé, jusqu'aux montagnes, où l'on aurait facilement raison de lui. En un seul jour les Bituriges (Berry) livrèrent aux flammes vingt villes; mais quand il fallut détruire Avaricum (Bourges), leur capitale, le cœur leur manqua; ils supplièrent Vercingétorix de l'épargner, promettant de la défendre jusqu'à la mort. Le chef céda à regret : pour sauver Avaricum, les Bituriges perdaient la Gaule. César, en

effet, assiégea cette ville; malgré une héroïque défense, il s'en empara et y trouva, avec d'amples approvisionnements, un abri pour
le reste de l'hiver. Dès lors que servait-il d'avoir brûlé vingt villes?

VI. Gergovia. — Les Gaulois comprirent que Vercingétorix
avait eu raison contre eux; son autorité s'en accrut; il put impo-
ser à ses troupes la discipline, la prudence, les rudes travaux que
dédaignait leur folle bravoure; et lorsque César, à la fin de l'hiver,
voulut aller éteindre l'insurrection dans son foyer, le fils de Celtilius avait une véritable armée à lui opposer. Ses projets avaient
deux fois échoué; mais sur la terre natale, la fortune allait lui
sourire pour la première et la dernière fois.

En arrivant devant Gergovia (1) César éprouva, il semble
l'avouer, un sentiment d'effroi. La ville était bâtie sur un plateau
assez élevé, d'un accès difficile, touchant à l'ouest la chaîne des
monts Dômes, dominant à l'est la vallée de l'Allier, entourée de
murs épais, et flanquée de nombreuses collines ou *puys*, du haut
desquels la garnison gauloise pouvait à toute heure fondre sur les
légions, enlever leurs fourrageurs, jeter l'alarme dans leurs quartiers. César établit cependant son camp sur les bords de l'Allier,
et comme un coup de main heureux le rendit bientôt maître d'une
des hauteurs qui entouraient Gergovia (2), il y traça un petit camp
qu'une double tranchée relia au premier.

VII. Échec des Romains. — Les préparatifs terminés, il dis-
pose tout pour un coup décisif. Pendant que, par une fausse attaque, il attire à l'ouest (vers Jussat) le gros des forces gauloises,

(1) A 7 kil. S. O. de Clermont-Ferrand.
(2) Probablement la Roche-Blanche.

il fait passer à la dérobée trois légions dans le petit camp; il les jette sur un point élevé, abandonné depuis quelques jours par l'ennemi, s'en rend maître sans peine et s'y établit avec la 10e légion. Mais les deux autres légions, emportées par leur ardeur, s'il faut en croire les Commentaires, n'entendent pas le signal de la retraite, elles escaladent le plateau lui-même, atteignent les quartiers ennemis, écrasent deux ou trois postes gaulois, touchent aux murs. Déjà quelques Romains apparaissent debout sur les remparts : les femmes gauloises éperdues leur jettent leur or, leurs riches vêtements, les suppliant de les épargner.

Tout à coup Vercingétorix, détrompé sur la fausse attaque, accourt avec sa cavalerie. Tout change : les Romains à leur tour sont culbutés du haut des remparts, du haut des rochers; une terreur panique change la retraite en déroute. César, qui, pour rétablir le combat, se lance avec la 10e légion dans la mêlée, est un instant enveloppé par le tourbillon de la cavalerie gauloise; les siens le dégagent, mais les Romains en désordre regagnent à grand'peine leurs quartiers. C'était un cruel échec, car César leva son camp quelques jours après et disparut au nord.

VIII. Défaite des Gaulois sur les bords de la Saône. — La défaite de l'Invincible eut dans toute la Gaule un immense retentissement. Lorsque Vercingétorix convoqua à Bibracte (Autun) une assemblée générale, trois peuples seulement n'y envoyèrent pas de représentants. Le vainqueur, confirmé dans son commandement suprême, se mit aussitôt à la poursuite de César, avec plus de cent mille Gaulois. Mais le Romain avait eu le temps de rallier un de ses lieutenants près de la Seine, et de renforcer sa cavalerie d'auxiliaires germains. Une grande bataille eut lieu sur les bords de la Saône (près de Dijon); la Gaule fut vaincue. Vercingétorix alla s'enfermer alors dans Alésia, citadelle des Mandubiens, et il renvoya sa cavalerie pour appeler une dernière fois la Gaule aux armes. César investit aussitôt la place. Cette sorte de combat singulier entre le patriotisme et le génie touchait à sa fin.

IX. Siége d'Alésia. — L'aspect d'Alésia (probablement Alise-Sainte-Reine, Côte-d'Or) rappelait celui de Gergovia : un plateau vaste, élevé, peu accessible. Mais la situation morale était changée : les Gaulois, mobiles, prompts au découragement, étaient pleins de tristes pressentiments. Les Romains jouaient leur dernière partie avec une suprême ardeur.

César enveloppa Alésia d'une double ligne de circonvallation de 16 kilomètres de développement; la ligne intérieure devait protéger ses troupes contre les sorties des assiégés, la ligne extérieure les défendre contre le choc de l'armée de secours; chacune était composée d'un triple fossé, de chausse-trappes et de piéges de toute sorte. Enfermés dans ce cercle de fer, les 80 000 Gaulois ressentirent bientôt les cruelles atteintes de la faim; on chassa les bouches inutiles, vieillards, femmes et enfants; un Arverne, Critognatus, proposa même de se nourrir des corps de ceux qui ne pouvaient plus combattre, « plutôt que de subir l'éternelle servitude! »

X. Dernière bataille. — Enfin Vercingétorix vit à l'horizon les masses profondes que la Gaule avait armées pour sa délivrance. 240 000 fantassins, 8000 cavaliers s'étendirent rapidement autour des lignes de César. C'était la dernière lutte : elle fut furieuse. A deux reprises les Romains furent assaillis par les Gaulois de la place et ceux de la plaine. Le second jour, Vercingétorix parvint à forcer sur un point le triple fossé; de l'autre côté un des chefs de la grande armée, l'Arverne Vergasillaun, essayait de percer la

ligne extérieure : les deux Arvernes allaient se rejoindre au travers des légions romaines. Mais César se jette au-devant du premier ; les auxiliaires germains tournent le second ; alors la déroute,
le massacre... Quelques heures après, « l'armée gauloise, dit Plu-
tarque, s'évanouit comme un songe ».

XI. Vercingétorix se livre à César. — C'en était fait d'Alésia
et de la Gaule. Après avoir été le héros de l'indépendance, Vercingétorix ne pouvait plus en être que le martyr. Résolu à se livrer
pour le salut des siens, le lendemain, il sortit d'Alésia, magnifiquement paré, comme pour le combat, poussa son cheval jusqu'au
milieu du camp des Romains, et lui fit faire le tour du tribunal du
proconsul ; puis, sautant à terre, il jeta ses armes et s'assit sans
proférer une parole. Ce fier silence du vaincu exaspéra le vainqueur. César accabla d'outrages son ennemi désarmé, le fit charger
de chaînes et entraîner dans le camp (52).

XII. Sa mort. — On le conduisit à Rome ; il resta six ans dans
un cachot : lorsque César, à la fin de la guerre civile, revint à
Rome et monta au Capitole, Vercingétorix suivit le char triomphal.
Le triomphateur pouvait pardonner encore ; mais chez lui la haine
avait survécu à la colère : le Gaulois fut livré au bourreau.

XIII. Vercingétorix et César. — Ainsi mourut le champion
de la Gaule indépendante. Il avait déployé de réelles qualités d'organisateur et de capitaine. Il ne connut qu'un jour l'ivresse du
succès, et parmi ses mobiles compatriotes, il fut le dernier à
désespérer. Sa véritable grandeur fut dans son patriotisme, puissant levier avec lequel il remua des millions d'hommes. Il avait
rêvé de transformer en une nation la Gaule, « ce chaos belliqueux

et barbare ». Ce fut là son crime irrémissible aux yeux de l'homme « qui brisait tout obstacle ». De là cette longue et froide vengeance que César poursuivit même après la mort de sa victime. Dans ses *Commentaires* il a réduit comme à plaisir les proportions de cette grande figure, et pour ainsi dire mutilé cette belle histoire; il faut tout deviner, sous les réticences de cet ennemi peu généreux, même le dévouement du chef arverne, venant se livrer avec une héroïque bonne grâce. Du reste, on ne saurait s'étonner que César n'ait pas retracé cette scène, où il figure tristement en dépit de sa gloire et de son génie. D'autres historiens ont pris soin heureusement de nous conserver cette page, glorieuse pour l'histoire de l'Auvergne et de la France.

XIV. Monuments et excursions historiques.— VI. *Gergovia*, à 7 kil. de Clermont, et à 5 de l'Allier : la surface du plateau est un rectangle long de 1500 m. et large de 600 m. Le rebord du plateau moins élevé de quelques mètres que le plateau lui-même, forme une sorte de chemin de ronde, tracé régulièrement et presque sans interruption. Sur le plateau des chemins parallèles ou se coupant à angle droit, bordés d'amas de pierres basaltiques, indiquent encore les voies principales de l'oppidum gaulois. Les fouilles de 1861 ont fait découvrir quelques débris de constructions et une grande quantité de fragments d'armes, de poteries, de médailles. — VII. Il est très-difficile de reconstituer le plan des opérations de César autour de Gergovia : on croit avoir trouvé les traces de son grand camp à Gondole, près du Cendre.

III. Les Arvernes sous la domination romaine. — Le christianisme en Auvergne.

I. Soumission de l'Auvergne. — Impitoyable à l'égard de

Vercingétorix, César se montra clément par politique envers les Arvernes. Il leur renvoya les prisonniers d'Alésia ; il les affranchit de l'occupation militaire, que subirent les peuples voisins ; il leur laissa le titre de peuple libre, qu'ils portaient encore un siècle plus tard ; mais il s'assura de leur fidélité en mettant à .a tête de leur cité un Arverne qui lui était dévoué, Epadnactus. Les Arvernes se laissèrent gagner par cette habile générosité. Ils avaient résisté, quand la résistance était un devoir et une gloire ; quand elle devint une folie, ils refusèrent de s'y associer. On ne saurait les en blâmer ; mais on doit reꞬ-etter qu'Epadnactus ait livré à César, « sans aucune hésitation », un ancien lieutenant de Vercingétorix, Luctérius, qui, vaincu à Uxellodunum, avait cru trouver un asile sûr chez ses anciens compagnons.

II. Cité des Arvernes. — En l'an 27 avant Jésus-Christ, Auguste vint en Gaule et divisa le pays en soixante cités ; ce qui ne veut pas dire qu'il créa soixante nouvelles divisions administratives ; mais plutôt qu'il consacra l'existence de soixante peuples dépendants de Rome, indépendants les uns des autres. Il brisait ainsi ces confédérations qui avaient quelquefois servi, mais plus souvent entravé la conquête romaine.

Des villes nouvelles s'élevèrent alors, auxquelles leur importance assura bientôt dans les cités le rang de métropoles. Ce fut comme une suite naturelle de la révolution qui transformait la Gaule. Jusque-là, pour les Gaulois, toujours en guerre, une ville était avant tout une citadelle (*oppidum*). Dans le choix de son emplacement, ils n'avaient égard qu'aux intérêts de la défense ; les plateaux aux flancs escarpés étaient l'objet de leurs préférences, témoins Gergovia, Bibracte, Alésia, etc. La *paix romaine* changea tout cela : le laboureur se fixa dans la plaine, le commerçant désapprit le chemin des hauteurs. Ainsi s'éclipsa la prospérité et jusqu'au souvenir des antiques boulevards de l'indépendance.

III. Augustonemetum. Clermont. — Gergovia fut détrônée. A l'extrémité de la plaine, aux portes de la montagne, au fond d'une sorte de golfe, au centre d'un riant paysage, merveilleusement encadré par des coteaux ou des *puys* arrondis, sur une éminence volcanique, s'éleva *Augustonemetum*, aujourd'hui Clermont. Ce fut probablement dès l'origine une colonie romaine qui groupa autour d'elle les Gaulois pacifiés, et prit en signe de fidélité le nom du maître du monde romain. La ville s'accrut rapidement et s'étendit au large dans la plaine, à l'est jusqu'à Herbeys, à l'ouest jusqu'à Chamalières, ainsi que le prouvent des débris de constructions romaines retrouvés à diverses époques.

IV. Travaux romains. Aqueducs. — Les Romains dotèrent l'Auvergne de quelques-uns de ces travaux qui, plus encore que leurs conquêtes, ont perpétué la gloire de leur nom : aqueducs, temples, voies, thermes, etc; le temps et les hommes ne les ont guère épargnés; il n'en reste que des débris. Les Romains, qui excellaient dans la construction des aqueducs, et qui les ont multipliés dans tous les pays soumis à leur domination, amenèrent à Clermont les eaux abondantes de la montagne par un de ces ouvrages dont on croit avoir retrouvé les traces.

V. Temples. Le Wasso. — Les temples étaient pour eux, en même temps qu'une œuvre d'art, une œuvre de politique. Là s'opérait la fusion entre la religion romaine et les vieilles croyances gauloises. L'Auvergne vit un grand nombre d'édifices sacrés couronner le sommet de ses collines. Il en était un surtout, célèbre dans toute la Gaule, et dont la magnificence faisait l'orgueil de l'Auvergne : c'était le *Wasso* avec ses doubles murs de trente-deux pieds d'épaisseur, ses marbres précieux, ses mosaïques, sa toiture de plomb. C'est à ce temple sans doute qu'était destinée la statue colossale du *Mercure arverne ;* elle avait coûté dix ans de travail au sculpteur Zénodore, et lui avait été payée près d'un million. On vient de découvrir au sommet du puy de Dôme les ruines magnifiques d'un temple qui ne peut être que le *Wasso*, et une inscription qu'on y a trouvée (*à Mercure du mont Dôme, divinité tutélaire du pays*) nous permet de penser que la haute statue de Zénodore dominait toute l'Auvergne, debout sur ce gigantesque piédestal.

VI. Thermes. — Les Romains recherchaient partout avec beaucoup de soin les eaux thermales, et apportaient un grand luxe dans la construction de leurs bains ou thermes. L'Auvergne, si riche en sources de vertus diverses, dut être pour eux un pays de prédilection. Ils ont partout devancé les modernes; on a retrouvé des ruines de leurs constructions à Royat-Saint-Mart, à Vichy, au mont Dore, dont l'accès difficile ne les avait pas rebutés, et où ils avaient élevé un *panthéon* dont on peut voir quelques fragments dans le parc de l'établissement.

VII. Voies romaines. — Ils multiplièrent aussi en Auvergne, comme dans tout le reste de la Gaule, les voies de communication, dans un double intérêt de stratégie et de négoce. Quatre grandes lignes ayant de nombreuses ramifications reliaient ce pays aux régions voisines. La première, par les flancs du puy de Dôme, conduisait soit à Augustoritum (Limoges), soit à Burdigala

(Bordeaux) (1); la seconde, par Thigernum (Thiers) ou Lovo-lotrum (Vollore-ville), gagnait le Forez et Lyon; la troisième remontait vers le midi le cours de l'Allier par Iciodurum (Issoire), et Brivas (Brioude, le mot gaulois signifie pont); la quatrième, par Ricomagus (Riom) et la Limagne menait au pays des Bituriges (Berry) ou des Éduens (Bourgogne). Des colonnes, des bornes milliaires, des inscriptions ont permis d'en retracer à peu près le réseau (2).

VIII. Villes nouvelles. — Nous venons de nommer quelques-unes des villes qui naquirent sous la domination romaine; on ne connaît pas au juste la date de leur fondation. Les unes se formèrent autour des colonies militaires, dans les positions stratégiques, les autres auprès des régions industrielles, exploitées par les Romains (poteries de Lezoux). Beaucoup durent leur existence, ou au moins leur développement à l'établissement du christianisme en Auvergne.

IX. Le christianisme. Saint Austremoine. — Le christianisme opéra en Gaule une révolution plus lente mais plus profonde que celle qu'avait produite la conquête romaine. Prêché à Lyon par saint Pothin et saint Irénée, il fut apporté en Auvergne, vers 250, par Stremonius (saint Austremoine), contemporain des apôtres de Paris et de Toulouse, saint Denys et saint Saturnin. Les progrès furent rapides à Augustonemetum. De là Austremoine dirigea sept de ses disciples sur la campagne et les villes voisines. Saint Mamers et saint Mary gagnèrent la haute Auvergne (Mauriac et

(1) On peut en suivre un assez long fragment pavé de larges pierres, dans la vallée de Villars près de Clermont.
(2) V. P. P. Mathieu, *Voies romaines d'Auvergne.*

Aurillac); saint Antonin se dirigea vers Gannat et Aigueperse, saint Nectaire vers le mont Cornadore et le mont Dore, saint Sérénat (saint Cerneuf) vers Billon, saint Genest vers Thiers, saint Privat vers Revessio (Saint-Paulien, dans le Velay).

X. Persécutions. — Ces conquêtes d'un nouveau genre n'étaient ni sans gloire ni sans périls. Dans les villes, le christianisme eut à lutter contre la corruption des mœurs gallo-romaines, les soupçons du gouvernement, la fureur jalouse des prêtres païens; dans les rudes montagnes de la haute Auvergne, contre la vieille religion gauloise, les superstitions sauvages du culte druidique, subsistant encore à l'ombre des forêts, leurs temples antiques. Presque tous les nouveaux apôtres furent martyrs. Saint Austremoine, qui vers la fin de sa vie s'était réfugié à Iciodurum, y fut tué par le gouverneur romain dont il avait converti le fils (295). La cruelle persécution qui sévit sous Dioclétien donna à l'Auvergne un de ses plus célèbres martyrs, saint Julien, au tombeau duquel les chrétiens se pressèrent bientôt. Pendant plusieurs siècles la ville de Brioude, qui renfermait ses restes vénérés, s'appela indifféremment Brioude ou Saint-Julien.

XI. Les premiers évêques. — La persécution ne fit qu'accélérer les progrès de la foi nouvelle, qui était solidement établie en Auvergne lorsque Constantin la fit asseoir avec lui sur le trône (313). Les premiers successeurs d'Austremoine, Urbicus, Allyre, Népotien, Arthème, sont presque tous des hommes de naissance sénatoriale, jouissant dans la cité d'une haute influence. Très-souvent ils sont mariés et chefs de famille lorsque l'*élection* les appelle à l'épiscopat. Ils quittent alors leur maison, abandonnent leurs intérêts et leurs affaires pour se consacrer au service de leur troupeau.

XII. Leur rôle politique. Les défenseurs de la cité. — Leur autorité ne cessa de s'accroître; élus par les fidèles, ils étaient les représentants naturels du peuple des villes contre l'égoïsme des grands et l'avidité des agents du gouvernement : « L'évêque, dit M. Guizot, était un véritable maire; son élection et la part qu'y prenaient les habitants devenaient l'affaire importante de la cité. »

Aussi lorsque Valentinien III établit les *défenseurs de la cité* (370), sorte de tribuns élus dans chaque ville pour protéger les intérêts privés contre la violence et la tyrannie du pouvoir, l'évêque eut une part prépondérante dans ces élections. Le *défenseur* fut le plus souvent l'homme de l'évêque, comme l'évêque était l'homme de tous.

XIII. Administration municipale. — Les divisions politiques de l'empire ayant été modifiées au quatrième siècle, l'Auvergne faisait partie, à la fin de cette période, de l'*Aquitaine première* avec Bourges pour métropole. Une certaine uniformité avait été introduite dans les constitutions municipales. Chaque ville était gouvernée par une sorte de conseil municipal (*curia*) composé des chefs des plus riches familles et par des magistrats appelés ordinairement *duumvirs* ou *édiles*. L'empereur était représenté dans chaque province par un gouverneur (*præses* ou *consularis*). Mais le pouvoir de l'évêque dominait déjà tous ces pouvoirs : il va rester presque seul debout au milieu des ruines de l'administration romaine.

XIV. Monuments et excursions historiques. — III. *Augustonemetum.* Quelques débris de constructions romaines, fondations, pavés de ciment, sarcophages, peuvent donner une idée de l'étendue et de l'importance de la ville : près de l'avenue des Paulines, restes d'une belle habitation; près de la cathédrale, des voûtes d'une construction remarquable; des traces d'ateliers de poterie, au pont de Nau et près du puy de Crouelle, etc. — V. Les ruines du *temple romain du Puy de Dôme* seront, lorsqu'on aura terminé les fouilles, une des plus remarquables curiosités archéologiques de notre pays. — VI. Les traces des *thermes* gallo-romains sont très-nombreuses en Auvergne : à Royat, derrière l'établissement, des murs et des voûtes; au mont Dore, le petit édifice de construction romaine où se trouve la source de César; des fragments de sculptures et des inscriptions provenant des thermes ou du panthéon, au milieu du parc. — VII. *Voie romaine* de Villars, à 2 kilomètres de Chamalière, et traces de l'aqueduc romain.

IV. L'Auvergne pendant l'invasion. — Les Wisigoths. — Sidoine Apollinaire. — Ecditius

I. Première invasion. — Chrocus. — Jusqu'au Vᵉ siècle l'Auvergne, sous la double influence de la civilisation romaine et du christianisme, eut une existence assez douce. Elle n'avait pas pris une part active aux différents soulèvements des Gaulois; elle n'avait pas été sérieusement menacée par l'invasion, si l'on en excepte le passage d'une horde de Germains conduits par un chef farouche, Chrocus, qui, vers 250, ravagea cette province et détruisit le Wasso. Mais au Vᵉ siècle cet état d'heureux repos prend fin brusquement pour l'Auvergne. Les révolutions qui précèdent la ruine de l'empire romain vont l'agiter à son tour, et les flots de l'invasion battre le pied de ses montagnes. Elle ne succombera toutefois qu'après avoir montré pour la défense de la civilisation le courage qu'elle avait autrefois déployé pour la conservation de son indépendance.

II. Les Wisigoths à Toulouse. — Les Suèves, les Alains, les Vandales, qui traversèrent la Gaule en 406, durent ravager effroyablement l'Auvergne. Bientôt le lâche empereur Honorius, livrant ses provinces au lieu de les défendre, permit aux Wisigoths de s'établir dans l'Aquitaine; Ataulf, leur chef, se fixa à Toulouse, et ce redoutable voisinage menaça désormais le repos de l'Auvergne (419).

III. Avitus, empereur. — Par un bizarre concours de circonstances, ce fut au milieu des tragiques événements de ce siècle, que l'Auvergne donna un empereur au monde Romain, empereur d'un jour, il est vrai. Lorsque les Huns envahirent la Gaule, le général Romain Aétius, voulant coaliser contre ces terribles visiteurs tous les autres barbares, députa auprès de Théodoric, roi des Wisigoths, pour le décider à prendre les armes, un Arverne, Avitus, riche, éloquent, ambitieux (451). Avitus eut plein succès; il plut à Théodoric et le gagna aux projets d'Aétius. Cette utile négociation fut pour le riche Arverne le commencement d'une haute fortune. En 455, après une série rapide de révolutions et de meurtres, le trône impérial demeura vacant. Or l'ambition de tous les barbares établis dans l'empire était alors de donner un maître au monde Romain. Théodoric, roi des Wisigoths, pressa l'Arverne Avitus de revêtir la pourpre. Après un simulacre de résistance, celui-ci accepta, fut salué César à Ugernum (Beaucaire), couronné à Arles, enfin accepté par le sénat et le peuple Romain (456).

IV. Sa chute. — Mais ce vieillard qui avait su en d'autres temps déployer des talents et du courage, n'était pas l'homme énergique que réclamait la situation. Il ne montra sur le trône que de la faiblesse et un honteux penchant pour les plaisirs sensuels.

Le caprice d'un barbare l'avait élevé : au bout d'un an le caprice d'un autre barbare le renversa. Le Suève Ricimer, maître de la milice à Rome, contraignit Avitus à abdiquer, et le fit évêque de Plaisance (457). Ce singulier évêque n'exerça pas longtemps ses fonctions, il mourut au moment où il se rendait en Auvergne.

V. Sidoine Apollinaire. — A l'histoire de la grandeur rapide et de la chute profonde d'Avitus se rattache le souvenir d'un homme célèbre dans les annales de l'Auvergne. Le nom de Sidoine Apollinaire résume en lui les bizarres vicissitudes que la fortune en ces temps troublés réservait aux grands personnages : sa vie présente le tableau complet de cette société du ve siècle où se coudoyaient sans cesse le vice et la vertu, l'égoïsme aristocratique et le zèle chrétien.

VI. Sa jeunesse. — Ses panégyriques. — Caius Sollius Apollinaris Sidonius était né vers 430 à Lyon d'une grande famille originaire d'Auvergne ; il reçut des leçons des maîtres les plus renommés, se passionna pour la poésie, et devint d'abord comme il l'avoue « plus habile à bien dire que capable de bien faire ». Ayant épousé Papianilla, fille d'Avitus, il voulut associer sa fortune à celle de son beau-père, lorsque celui-ci devint empereur. Il composa son panégyrique en vers emphatiques, suivant le goût de l'époque. Le succès qu'il obtint, ayant aiguillonné à la fois sa vanité et son ambition, il devint, après la mort d'Avitus, le pompeux panégyriste des empereurs éphémères qui lui succédèrent, Majorien et Anthemius ; courtisan sans dignité, flatteur intrépide, il osa même louer l'ennemi de sa famille, le Suève Ricimer : il le compara aux héros de l'ancienne Rome ! Aussi le poëte fut nommé préfet de Rome (468), et exerça ces fonctions pendant un an, sans grand éclat.

VII. Sa villa d'Avitacum. — Ses écrits. — Bientôt comme les révolutions se multipliaient à Rome, il revint jouir en Auvergne d'un opulent repos dans sa magnifique villa d'Avitacum (près du lac d'Aydat). Les lettres continuaient à charmer ses loisirs, mais il était mieux inspiré qu'à Rome, lorsqu'il célébrait la beauté de l'Auvergne. « Il est, dit-il, une terre que la nature, mère des choses, s'est plu à enrichir de ses dons, terre qui, à peine effleurée par le soc de la charrue, étale aux yeux de l'heureux laboureur, une glèbe noirâtre et grasse, gage de fécondité; sol nourricier où s'ébattent de luisants troupeaux, vaste plaine où se balancent, comme des vagues paisibles, les ondes flottantes des moissons et qui toujours empressée de produire de nouvelles récoltes, soupire après la semence, trop tardive à son gré : c'est la *Limagne* d'Auvergne, pays doux au voyageur, fructueux au colon, délicieux au chasseur; pays que borde une ceinture de montagnes dont les plateaux abondent en pâturages, pendant que leurs flancs sont garnis de vignes, leurs pentes inférieures ornées de villas et de métairies, que leurs pics se hérissent de châteaux fortifiés, leurs gorges profondes de forêts, repaires des bêtes sauvages, que leurs vallées ouvertes se prêtent à la culture, que leurs concavités bruissent de mille ruisseaux, et que les déchirures de leurs ravins s'emplissent de mille sources d'où naissent les tranquilles rivières (1). »

VIII. Sidoine évêque. Il lutte contre les Wisigoths. — Béatitude. — En 471 Sidoine fut choisi pour évêque par les

(1) Trad. de M. Hanriot. (*L'Auvergne antique.*)

fidèles d'Auvergne : il n'accepta qu'en tremblant cette haute magistrature morale, à laquelle il semblait si peu préparé, mais il résolut d'en remplir tous les devoirs. Le patricien ambitieux, insouciant, égoïste, devint un de ces pasteurs charitables auxquels les provinces, abandonnées de tous, remettaient le soin de leur défense. Jamais le danger n'avait été plus grand pour l'Auvergne. Le roi des Wisigoths, Euric, convoitait cette province, la seule qu'il ne possédât pas au sud de la Loire, et en 472 il vint mettre le siége devant la ville des Arvernes. Le péril suscita un héros dans le pays de Vercingétorix : Ecditius, beau-frère de Sidoine, à la tête d'une garnison de Burgundes, et des Arvernes en état de combattre, disputa pied à pied aux barbares la plaine et les défilés. Ce fut une guerre d'extermination; l'été, l'invasion, les embuscades, les vignes arrachées, les moissons brûlées avec les chaumières; l'hiver, la famine et les maladies contagieuses. Sidoine et son beau-frère furent admirables de charité, ils nourrirent à leurs frais la garnison et une partie de la population. Au printemps de 475 la lutte allait recommencer lorsque les Arvernes apprirent que Rome les livrait à leurs ennemis : l'empereur Julius Nepos, digne successeur d'Honorius, venait de céder par un traité l'Auvergne aux Wisigoths. « O douleur, écrivit Sidoine, la paix est pire que la guerre! Est-ce là ce que méritent les maux que nous avons supportés, la disette, la flamme, le fer, les glaives engraissés de carnage, les combattants amaigris par le jeûne? » On voit par ce dernier trait que l'indignation elle-même ne pouvait étouffer en Sidoine la recherche littéraire et la passion des antithèses.

IX. Captivité de Sidoine. — Ecditius s'expatria pour ne pas voir les barbares s'établir dans sa patrie; Sidoine resta à son poste. Les Wisigoths se vengèrent sur lui de la résistance qu'ils avaient éprouvée. On l'arracha à son siège épiscopal, on lui fit subir une longue captivité au château de Liriane, près de Carcassonne. Enfin un ministre d'Euric, Léon, obtint de son maître la liberté de l'évêque, qui revint protéger son troupeau contre les violences des Wisigoths vainqueurs.

X. Ses dernières années. — Il fut courageux et charitable jusqu'à la fin. Sa réputation de sagesse s'était répandue au loin : les fidèles de l'église de Bourges, agités par les factions qui se formaient à l'occasion de chaque élection épiscopale, le prièrent de se rendre au milieu d'eux et de choisir pour eux un évêque. Il le fit, après avoir prononcé un discours qu'il a pris soin de nous conserver, en s'excusant de n'avoir pu y introduire « ni les divisions de la rhétorique, ni les mouvements de l'art oratoire, ni les fictions des poëtes, ni les étincelles de la controverse... » De toutes les faiblesses du vieil homme, la vanité littéraire et le bel esprit sont les seules que le saint évêque n'ait pas dépouillées. Jusqu'au dernier jour, il envoie à ses amis, à l'adresse de la postérité, ses plus légères improvisations et ses moindres bons mots. Il mourut en 489.

XI. Riom. — **Saint-Amable.** — Le nom de la ville de Riom (Ricomagus) apparaît pour la première fois vers cette époque, associé à celui de saint Amable, qui y exerça les fonctions sacerdotales.

XII. Monuments et excursions historiques. — VII. *Avitacum.* On croit retrouver le nom de la villa d'Avitus et de Sidoine, dans celui du village d'Aydat (pr. de Saint-Amand-Tallende, P.-de-D.). Mais il ne reste rien de cette résidence magnifique. Un cénotaphe, dans l'église d'Aydat, porte cette inscription : *Hic sunt duo innocentes et sanctus Sidonius.* — En Auvergne comme partout, les monuments du christianisme primitif sont très-rares. On peut regarder comme les morceaux les plus anciens de l'architecture chrétienne les colonnes d'un *narthex* (vestibule des catéchumènes) à Chamalières; quelques parties de l'église de Volvic (P.-de-D.); peut-être le monument funéraire ou baptistère de Chambon (pr. de Saint-Néctaire, P.-de-D.), et une partie de l'église du Moutier à Thiers (P.-de-D.).

V. L'Auvergne sous les Wisigoths et sous les Francs mérovingiens. Grégoire de Tours.

1. L'Auvergne s'agite sous la domination des Wisigoths. — L'Auvergne est passée des Romains aux Wisigoths, elle va passer des Wisigoths aux Francs; mais, comme la plupart des provinces gallo-romaines du Midi, elle n'appartient pas réellement aux barbares; mêlée quelquefois à leurs querelles, souvent épuisée par les exigences de leurs agents, ou livrée en proie à la furieuse avidité de leurs armées, elle jouit par intervalles d'une demi-indépendance sous la direction des grandes familles du pays, et surtout des évêques, plus que jamais défenseurs et maîtres de la cité.

Un grand événement dans l'histoire de la Gaule s'accomplit en 496, la conversion de Clovis. C'était un véritable triomphe pour les évêques, qui depuis longtemps y travaillaient en secret; car les rois burgundes et wisigoths appartenaient à la secte arienne; et se sentant, à cause de leur religion, en butte à l'hostilité de la population orthodoxe des villes, ils étaient devenus soupçonneux et persécuteurs. Mais lorsque saint Remy eut baptisé à Reims le « fier Sicambre », les *Gallo-Romains* et leurs pasteurs tournèrent les yeux vers le nouveau converti, vers le libérateur : les ariens redoublèrent de violence, les évêques de zèle pour la cause des Francs, en faveur desquels de véritables complots furent tramés dans plusieurs villes. L'Auvergne dévouée à la cause orthodoxe, et placée entre les deux royaumes ariens, paraît avoir été comme le foyer de ces intrigues politiques et religieuses. L'évêque de Rodez, saint Quintien, et celui de Dijon, saint Apruncule, chassés de leurs siéges par les ariens, trouvèrent un refuge dans la *ville des Arvernes* (c'est le seul nom que porte à cette époque Augusto-Nemetum), et y furent successivement élus évêques.

II. Les Francs s'emparent de l'Auvergne. — Aussi lorsque Clovis eut défait les Wisigoths à Vouillé (507), l'Auvergne se soumit sans résistance à sa domination ; les événements montrèrent qu'elle n'avait rien gagné à changer de maîtres. Lorsque les fils de Clovis se partagèrent l'héritage paternel (511), l'Auvergne échut à Thierry, son fils aîné, roi de Metz. Le nom de ce prince est écrit en caractères sanglants dans l'histoire de notre province. Mais pour bien comprendre les événements qui attirèrent sur l'Auvergne la plus terrible des invasions, il faut se rappeler le rôle que jouaient dans les cités gallo-romaines les chefs des riches familles du pays. Leur ambition était d'obtenir du suffrage populaire ou du caprice d'un chef barbare le titre d'évêque, ou celui de comte ; ils étaient alors dans le pays bien plus rois que les rois eux-mêmes, maîtres lointains, dont les populations connaissaient à peine le nom.

III. Intrigues d'Arcadius. — Or la famille de Sidoine Apollinaire était l'une des plus importantes en Auvergne. Le fils du saint évêque, Apollinaire, ne garda pas rancune aux Wisigoths des mauvais traitements qu'ils avaient infligés à son père ; il combattit dans leurs rangs à Vouillé ; de leur côté, les Francs lui pardonnèrent facilement d'avoir soutenu la cause d'Alaric; et ce fut par la faveur de Thierry, qu'à force d'intrigues Apollinaire fut nommé évêque d'Auvergne : il ne jouit que quelques mois de cette dignité ardemment convoitée. Son fils, Arcadius, ayant perdu, on ne sait pourquoi, les bonnes grâces du roi de Metz, mit son activité ambitieuse au service de Childebert, roi de Paris, et fut chargé par lui de missions assez peu honorables. Ce fut lui qui, se présentant devant la reine Clotilde, une épée nue et des ciseaux à la main, l'obligea à choisir pour ses petits-fils, les fils de Clodomir, entre la tonsure ou la mort. Pour redevenir puissant en Auvergne, Arcadius forma le projet de livrer ce pays à Childebert. Les fils de Clovis passaient leur vie à se tendre mutuellement des piéges, à se disputer par lambeaux l'héritage paternel. Au bruit de la mort de Thierry, qui guerroyait en Thuringe, Childebert accourut en Auvergne; son fidèle Arcadius, pour l'introduire la nuit dans la ville, brisa la serrure d'une des portes. « Je voudrais bien, dit le lendemain Childebert, voir de mes yeux cette *Limagne* d'Auvergne qu'on dit si riante et si fertile. » Mais un brouillard épais la déroba pendant plusieurs jours à sa vue. Bientôt on apprit que Thierry n'était pas mort. Childebert effrayé se hâta de s'enfuir en emmenant des otages.

IV. **Richesse de l'Auvergne à cette époque.** — Cet événement allait avoir pour l'Auvergne de terribles conséquences. En 532 Clotaire et Childebert invitèrent leur frère Thierry à se joindre à eux pour marcher contre les Burgondes : Thierry refusa. Ses leudes, l'ayant appris, lui reprochèrent violemment de les priver de l'espoir d'un riche butin. « Si tu ne veux pas aller avec tes frères, lui dirent-ils, nous te quittons, et les suivons au lieu de toi. » — Thierry leur répondit : « Suivez-moi vers la cité des Arvernes;

je vous ferai entrer dans un pays où vous prendrez de l'or, de l'argent, des troupeaux, des esclaves, des vêtements, autant que vous en pourrez désirer : seulement ne suivez pas ceux-là. » Une armée de pillards accourut à son appel : l'Auvergne devait être en effet à cette époque une riche proie, à cause de la fertilité de son sol, de ses montagnes, qui l'avaient longtemps protégée, et de la position centrale qu'elle occupait entre les trois royaumes barbares des Wisigoths, des Burgondes et des Francs, position qui rendait sa dépendance purement nominale. Mais en 532 elle connut toutes les horreurs de l'invasion.

V. Thierry pille l'Auvergne. — Laissons la parole à Augustin Thierry : « Les Francs commencèrent à ravager et à détruire, sans épargner ni les églises ni les autres lieux saints. Les arbres à fruits étaient coupés, et les maisons dépouillées de fond en comble. Ceux des habitants que leur âge et leur force rendaient propres à être vendus comme esclaves, attachés deux à deux par le cou, suivaient à pied les chariots de bagages où leurs meubles étaient amoncelés. Les Francs mirent le siége devant la ville des Arvernes, dont la population, voyant du haut des murs le pillage et l'incendie des campagnes, résista aussi longtemps qu'elle put. L'évêque de la ville, Quintionus, partageait les fatigues et soutenait le courage de ses concitoyens. « Pendant la durée du siége, » dit un ancien auteur, on le vit, de nuit, faire le tour des mu- » railles, chantant des psaumes, et implorant par le jeûne et les » veilles l'aide et la protection du Seigneur. »

» Malgré leurs prières et leurs efforts, les habitants ne purent tenir longtemps contre une armée nombreuse et animée par la soif du pillage. La ville fut prise et saccagée. Le roi dans sa colère voulait en raser les murailles, mais les hommes chargés de l'exé-

cution de cet ordre furent arrêtés par des terreurs religieuses,
seule garantie qu'eussent les indigènes de la Gaule contre la furie
des barbares. Sur les remparts de Clermont s'élevaient de distance en distance un grand nombre d'églises et de chapelles
qu'il était impossible d'épargner en démolissant les murs. La
vue de ces édifices effraya les chefs des Francs, qui recu-
lèrent devant un sacrilège commis de sang-froid et sans profit.
Le roi épargna la ville et interdit même le pillage dans un rayon
de huit mille pas. Mais lorsque cette défense fut prononcée il ne
restait plus rien à piller.

» Maître de la capitale de l'Auvergne, Thierry attaqua l'un après
l'autre tous les lieux fortifiés où les gens du pays s'étaient ren-
fermés avec ce qu'ils avaient de plus précieux. Il brûla le château
de Thiers, où se trouvait une église construite en bois, qui fut
consumée par l'incendie. A Lovolotrum (Vollore), où les Francs entrèrent par la trahison d'un esclave, ils mirent en pièces auprès
de l'autel un prêtre nommé Proculus. La ville de Brioude fut saccagée et l'autel de saint Julien dévasté, malgré plusieurs miracles,
dont le bruit détermina Thierry à faire rendre une partie du butin
et à punir quelques-uns de ses soldats qui avaient violé le sanc-
tuaire. A Issoire un monastère célèbre fut *réduit en solitude* selon
l'expression des contemporains.

» C'est avec des paroles touchantes que les historiens de ces
événements décrivent la désolation de l'Auvergne : « Tout ce qu'il
» y avait d'hommes illustres par leur rang ou leurs richesses, se
» trouvaient réduits au pain de l'aumône, obligés d'aller hors du
» pays mendier ou vivre de salaire. Rien ne fut laissé aux habi-
» tants, si ce n'est la terre que les barbares ne pouvaient empor-
» ter. » Des gens de tout état, clercs et laïques, étaient emmenés
à la suite des bagages, et l'on remarquait surtout un grand nombre

d'enfants et de jeunes gens des deux sexes, que les Francs met-
taient à l'enchère dans tous les lieux où ils passaient. »

VI. Malheurs de l'Auvergne. — Cette sauvage incursion est
l'une de celles qui ont le plus contribué à effacer en Auvergne les
traces et jusqu'aux souvenirs de la civilisation romaine. On attri-
bue aux soldats de Thierry la destruction des beaux aqueducs qui
amenaient à Clermont l'eau de la montagne.

Tous les maux fondaient à la fois sur cette terre malheureuse.
En quittant l'Auvergne, Thierry y laissa comme gouverneur son
parent Sigewald, qui commit d'innombrables violences. Puis l'église
d'Auvergne fut déchirée pendant plusieurs années par la rivalité de
deux prêtres, Caton et Cautin, qui se disputaient le siége épiscopal.
Dans un pays où les évêques étaient les premiers magistrats des
cités, leurs protecteurs naturels, et leurs bienfaiteurs ordinaires, on
devine ce que devaient souffrir les populations au milieu de ces com-
pétitions qui dégénéraient aisément en guerres civiles. Enfin lorsque
l'Auvergne, à la mort de Théodebald (555), passa sous la domination de Clotaire, peu s'en fallut qu'elle ne fût encore victime de
ces conflits d'ambition qui avaient déjà attiré sur elle de terribles
représailles. Chramm, fils de Clotaire, voulut se soustraire à la
domination paternelle. Depuis longtemps il résidait en Auvergne,
et son oncle Childebert l'encourageait à se faire de ce pays un
royaume indépendant : heureusement la querelle entre le père et
le fils se vida ailleurs.

VII. Grégoire de Tours. — C'est en ces temps de misère que
notre province donna le jour à l'évêque historien *Grégoire de
Tours* (539). Plusieurs membres de sa famille avaient déjà honoré

l'épiscopat : Grégoire, évêque de Langres; saint Nizier, évêque de Lyon, saint Gall, 16e évêque de Clermont. Élevé par ces deux derniers, il fut destiné à l'Église. Les dignités épiscopales étaient alors tout à la fois l'asile des esprits cultivés, l'objet de l'ambition des grandes familles et le poste dangereux qui convenait aux hommes de dévouement.

Grégoire malade dans sa jeunesse était allé chercher la santé au tombeau de Saint-Martin de Tours. Les habitants de Tours gardèrent le souvenir de sa science et de sa douceur, et en 573 il fut élu évêque par eux d'une voix unanime.

VIII. Son Épiscopat. — La situation de l'évêque de Tours était particulièrement délicate; la basilique de cette ville renfermait les reliques de saint Martin, et avait été enrichie par la générosité des fidèles; aussi était-elle un objet de tentations perpétuelles pour l'avidité des rois barbares. De plus, la cité de Tours faisait partie du royaume de Chilpéric, le plus capricieux, le plus dissolu, le plus perfide des fils de Clotaire. Contre la barbarie de la société franque, contre les fantaisies bizarres de ce *Néron mérovingien*, il fallait que Grégoire fût sans cesse sur la brèche; sa vie fut un combat de chaque jour, tantôt pour maintenir le droit d'asile des églises que les Francs étaient souvent tentés de violer, tantôt pour protéger son troupeau contre les exactions d'un parvenu orgueilleux, le comte Leudaste; puis pour défendre sa réputation ou sa liberté contre la haine de Frédégonde; parfois même pour retenir sur la pente de l'hérésie Chilpéric, qui se croyait théologien et voulait en remontrer aux évêques. Grégoire ne céda jamais quand l'intérêt de la religion fut en jeu.

IX. Son histoire. — Si l'évêque a mérité la reconnaissance de ses concitoyens, l'historien n'a pas moins de droits à celle de la postérité.

Grégoire de Tours a composé une *Histoire ecclésiastique des Francs*, c'est-à-dire une histoire de l'Église des Gaules, des rois francs, et des rapports de ces deux puissances. « Le clergé et les Francs, dit M. Guizot, c'était alors en effet toute la société, la seule du moins qui prît réellement part aux événements, et qui pût prétendre à une histoire; le reste de la population vivait et mourait, misérable, inactif, ignoré. » Cet ouvrage plein d'imperfections, mais sincère et vivant, est de beaucoup le meilleur qu'ait produit cette époque barbare. C'est la plus précieuse et quelquefois l'unique source de l'histoire des premiers Mérovingiens; sur l'état de la société et le caractère des rois francs, il abonde en renseignements curieux. « On lui a reproché, dit M. Guizot, la confusion de son histoire, les fables absurdes dont elle est semée, la partialité pour les rois orthodoxes, quels que soient leurs forfaits, et tous ces reproches sont légitimes; mais il n'est aucun de ses contemporains qui ne les mérite encore plus, aucun qui ait donné dans ses écrits autant de preuves de bon sens, de justice et d'humanité.» Grégoire avait composé plusieurs ouvrages sur les *confesseurs*, les *martyrs*, les *psaumes*. Il mourut en 593.

X. L'Auvergne sous les derniers Mérovingiens. — Après lui l'histoire d'Auvergne s'enveloppe d'une obscurité profonde; ce sont moins les événements qui manquent que les historiens. Cependant l'Auvergne reste indifférente aux querelles de la Neustrie et de l'Austrasie, aux luttes de Frédégonde et de Brunehaut, d'Ébroïn et de saint Léger. Elle tend avec l'Aquitaine à s'isoler dans son indépendance; elle fait partie d'un royaume d'Aquitaine que Dagobert donne à son frère Charibert (628), monarchie éphémère que les Aquitains regretteront longtemps et dont ils essayeront bientôt de relever les ruines.

XB. Monuments et excursions historiques. — V. *Églises.* Clermont avait en effet comme un rempart d'églises et de chapelles, bâties, si l'on en croit la tradition, par les premiers chrétiens, sur les tombeaux des premiers évêques et des martyrs. Les principales étaient : Chantoin (près de la place Delille), Saint-Jacques de Rabanesse et Saint-Saturnin (sur la route de Beaumont), Saint-Julien (place de Jaude), Saint-Léogone ou Notre-Dame de Beaurepaire, Saint-Hilaire (au bois de Cros), Saint-Cyr et Sainte-Julitte (à Fontgiève), Saint-André (quartier Saint-André), Saint-Clément, Saint-Désiré, Saint-Adjutor, Saint-Venerand, Saint-Artheme, Saint-Patrocle (ou Saint-Eutrope), dans le faubourg qui fut plus tard occupé presque tout entier par les dépendances de l'abbaye de Saint-Allyre.

VI. L'Auvergne depuis Charles Martel jusqu'à l'avénement de Hugues Capet. — Guerre d'Aquitaine. — Les Normands.

8. Les Musulmans en Auvergne. — Trois sortes d'événements remplissent cette période fort malheureuse encore : d'abord les violents efforts faits par l'Auvergne avec toute la Gaule du Midi pour se soustraire à la domination franque; puis de nouvelles invasions passagères mais terribles; enfin le morcellement du pays en petits États isolés et indépendants, c'est-à-dire l'établissement du système féodal.

En 731 une formidable invasion musulmane pénétra en Gaule par les Pyrénées, et malgré les efforts du duc d'Aquitaine, Eudes, se répandit, pillant tout, dans les bassins de la Garonne et de la Loire. Charles-Martel, à la tête de toutes les forces de la Gaule chrétienne et d'une partie des peuplades barbares de la Germanie, l'arrêta entre Tours et Poitiers. Ce fut sans doute dans leur retraite précipitée que les envahisseurs traversèrent l'Auvergne pour regagner la Septimanie qui leur appartenait.

La tradition populaire a conservé le souvenir de leurs ravages dans plusieurs parties de l'Auvergne (mur et château dits des *Sarrasins*, près de Clermont).

II. L'Auvergne essaye de se soustraire à la domination des Francs. — Tout en sauvant le christianisme, les hommes du Nord avaient une fois de plus exaspéré ceux du Midi par leur avidité et leur violence. Toute l'histoire de la première partie du moyen âge s'explique par cette haine du Midi pour le Nord, or l'Auvergne était du Midi par ses tendances et sa civilisation; mais par sa position elle était en contact avec le Nord, aussi ne faut-il pas s'étonner qu'elle ait été un des principaux théâtres de la lutte que les ducs d'Aquitaine soutinrent contre les premiers Carolingiens.

III. Lutte de Pépin contre Hunald et Waïfre. — Clermont. — Eudes, qui était petit-fils de ce Charibert un moment roi d'Aquitaine, avait été obligé, en présence de l'invasion musulmane, de reconnaître la souveraineté de Charles-Martel.

Son fils Hunald essaya de secouer la domination de Pépin et de Carloman, qui avaient succédé à leur père Charles, dans le titre de ducs des Francs; vaincu, il se soumit et abdiqua en faveur de son fils, Waïfre ou Guaifer. Celui-ci fut le héros de l'indépendance d'Aquitaine; pendant huit ans il tint tête à Pépin le Bref devenu roi en 752. Leur premier champ de bataille fut l'Auvergne. Les Aquitains ayant ravagé la Bourgogne, Pépin envahit l'Auvergne, assiégea et prit le *château de Claromont* (760). C'est la première mention qui

soit faite du nom moderne de la capitale de l'Auvergne. On pense
aussi que ce fut dans cette expédition que Pépin rasa les châteaux
du Puy de Chateix, au-dessus de Royat, et de Mont Rodeix au
pied du Puy de Dôme. C'étaient comme les places d'armes de
Waifre; par la première il dominait la Limagne; par la seconde il
tenait les défilés de la montagne. On sait aussi qu'après le
sac de *Claromont* et des ravages qui rappellent l'expédition de
Thierry en Auvergne, Pépin alla à Volvic présider un synode de
furent condamnées deux hérésies. Ce fait curieux montre avec
quel oin le premier roi de la deuxième race entretenait de bonnes
relations avec l'Église sur laquelle s'appuyait sa dynastie naissante.

IV. Soumission de l'Aquitaine. — La guerre d'Aquitaine ne
se termina qu'en 768, lorsque Pépin eut choisi un théâtre plus
favorable que l'Auvergne pour la lutte, et lorsque Waiffre eut été
assassiné. Hunald, sortant du monastère où il s'était retiré, essaya
de lutter encore : il fut vaincu à son tour par Charlemagne et
Carloman, et forcé de s'enfuir (771).

V. L'Auvergne sous Charlemagne et son fils. — Le règne
de Charlemagne est pour l'Auvergne une période de tranquillité
relative. Le comte Ithier fut le premier qui l'administra au nom
de l'empereur. L'Auvergne fit partie des royaumes d'Aquitaine que
Charlemagne et Louis le Débonnaire créèrent successivement en
778 et en 817. (Ebreuil était une des quatre résidences royales
d'Aquitaine.) Après la mort de Louis le Débonnaire, elle se
trouva comprise par le traité de Verdun dans la part de Charles
le Chauve, c'est-à-dire dans le seul royaume qui s'appelât dès lors
du nom de *France*.

VI. Les Normands en Auvergne. — La Gaule avait eu pendant près de soixante-dix ans une sorte de gouvernement. A cet essai d'organisation, le premier depuis la chute de l'empire romain, succéda dès le règne de Charles le Chauve la plus complète anarchie. Aussi le pays se trouva-t-il livré sans défense à une nouvelle invasion, celle des *Normands.* Ces redoutables pirates, « les enfants des anses », purent s'avancer hardiment, de l'embouchure des fleuves jusqu'au cœur du royaume. Leur avidité sacrilége s'acharnait surtout sur les églises et les riches monastères; ils aimaient « à chanter la messe des lances », c'est-à-dire à brûler les couvents, à massacrer les moines et les prêtres.

VII. L'église de Notre-Dame du Port. — La riche Auvergne devait les tenter; ce fut la bande la plus redoutée, celle du féroce Hastings et de Biœrn, établie à l'embouchure de la Loire, qui vint la visiter, vers 853. Clermont fut pris et brûlé. L'église de Sainte-Marie principale, ou Notre-Dame du Port, fondée par saint Avit, dix-huitième évêque de Clermont, vers la fin du VI⁰ siècle, fut alors presque ruinée. Saint Sigon, quarantième évêque, la fit reconstruire en 870 : complétée dans les siècles suivants, elle devint le type original des belles églises *romanes* d'Auvergne; celles de Notre-Dame d'Orcival, de Saint-Paul d'Issoire, de Saint-Julien de Brioude sont pour ainsi dire de la même famille.

VIII. Nouvelles incursions des Barbares. — **Clermont brûlé et reconstruit.** — Un peu plus tard, au moment où les bandes normandes qui reconnaissaient Rollon pour chef s'établirent à l'embouchure de la Seine (911), une autre horde de Normands et de Danois pénétra en Auvergne et brûla de nouveau Clermont (915); il est possible qu'à la même époque les Sarrasins du Rhône

et les Hongrois du Danube aient aussi poussé jusque-là leurs incursions. Enfin en 965 un incendie détruisit presque entièrement
la malheureuse ville, qui faillit à ce coup disparaître pour toujours. Étienne II, quarante-sixième évêque, la releva de ses ruines,
rappela les habitants dispersés, rebâtit l'église cathédrale, et
entoura la *cité épiscopale* de fortifications destinées à remplacer le
château de Clermont dont nous avons déjà parlé. Les nécessités
de la défense, les désastres qui si souvent avaient fondu sur Clermont, expliquent pourquoi la ville, qui primitivement s'étendait
au large dans la plaine se réfugia, se concentra sur la pointe de
la colline, à l'ombre de son église cathédrale.

IX. **Guillaume le Pieux, premier comte héréditaire d'Auvergne.** — A cette époque le pouvoir royal s'en allait en lambeaux.
En 877 Charles le Chauve consacra par le capitulaire de Kiersy-
sur-Oise, l'hérédité des offices royaux (fonctions de ducs et de
comtes, etc.); le dernier des comtes d'Auvergne qui ait eu le caractère de fonctionnaire royal, fut Bernard, favori de Charles le Chauve
et de Louis le Bègue. Le premier comte héréditaire d'Auvergne et
de Velay fut Guillaume Ier le Pieux. Très-puissant dans le Midi (car
il était aussi marquis de Gothie), il se mit en révolte ouverte
contre le roi Eudes, qui vint en Auvergne, mais qui n'osa l'attaquer et ne put le réduire (893). Guillaume battit aussi les Normands vers 916, en Limousin, après leur incursion en Auvergne.
Ces seigneurs indociles légitimaient ainsi leurs usurpations en
protégeant le pays que la royauté était incapable de défendre.

X. **Les comtes d'Auvergne luttent contre les premiers
Capétiens.** — Les tentatives des descendants de Robert le Fort,

(futurs Capétiens), pour ravir la couronne aux descendants de Charlemagne, favorisèrent les velléités d'indépendance des comtes d'Auvergne. Lorsque Eudes prit la place de Charles le Gros déposé (887), lorsque Raoul vainquit Charles le Simple et se fit roi (923), Guillaume Ier et Guillaume II d'Auvergne, refusèrent de leur obéir. La fidélité au roi légitime n'était du reste pour eux qu'un prétexte. Le roi, quel qu'il fût, les trouvait toujours indociles. Lorsque Louis V d'outre-mer disposa de l'Auvergne en 950, en faveur de Guillaume *Tête d'Étoupes*, comte de Poitiers, le nouveau comte, qui vint tenir sa cour à Ennezat, se fit difficilement reconnaître par les seigneurs d'Auvergne. Enfin les comtes d'Auvergne refusèrent d'obéir au fondateur de la 3e race, Hugues Capet; ils datèrent leurs chartes du règne de Charles IV, c'est-à-dire de Charles de Lorraine, écarté du trône par Hugues; ou bien encore de cette formule : « Le Christ régnant en attendant un roi. »

XI. Monuments et excursions historiques. — I. *Tour des Sarrasins*, près de Chamalières; le *mur des Sarrasins*, avenue des Salles, à Clermont, est un curieux morceau de construction romaine, auquel la tradition a attaché, on ne sait pourquoi, le nom des Sarrasins. — III. Le *Puy de Chateix* s'élève au-dessus de Royat-Saint-Mart, et domine toute la Limagne; c'est là que se trouvent les prétendus *greniers de César* (débris carbonisés de froment, fèves, pois, etc.). — Les ruines du *château de Mont-Rodeix* (Orcines, P.-de-D.), sur un prisme basaltique très-régulier donnent une idée des fortifications féodales de la première époque du moyen-âge. — VII. *N.-D. du Port* (port, marché), type de l'architecture romane d'Auvergne (abside, crypte, mosaïques, porte méridionale). — IX. La *cité épiscopale* fortifiée s'étendait, d'après un manuscrit du

xıı⁰ siècle, de la place du Terrail à la rue Terrasse, de la rue de
la Treille à la Poterne.

VII. L'Auvergne ecclésiastique. — Monastères. — Gerbert. — Concile
de Clermont. — La première croisade.

I. Puissance de l'Église en Auvergne au XI⁰ siècle. — L'Auvergne au XI⁰ siècle est la terre ecclésiastique par excellence. Le
grand fait de son histoire à cette époque est la prédication de la
première croisade au concile de Clermont (1095).

Le fait de la croisade s'explique par la foi ardente du xı⁰ siècle
et par la puissance de l'Église en ce temps : le choix de Clermont
pour la prédication de cette grande entreprise s'explique de même
par l'influence qu'exerçaient alors en Auvergne les ordres monastiques et l'épiscopat.

II. Les premiers monastères. — L'institution des ordres
monastiques en Auvergne est contemporaine de la prédication
même du christianisme. Les premiers monastères furent ceux
d'Issoire et de Chantoin (près de Clermont), auxquels la tradition
donne pour fondateurs les deux premiers évêques de Clermont,
Austremoine et Urbique (III⁰ siècle); puis vinrent du IV⁰ au
VII⁰ siècle ceux de Thiers, de Mélite (près de Mauriac), de Cournon,
de Combronde, de Saint-Mart (près de Royat), de Menat, de Mozat
(près de Riom), de Manglieu, de Volvic, fondé près du tombeau
de l'évêque saint Project, ou saint Prix, assassiné par Hector, patrice
de Marseille. Tel est le premier épanouissement de l'institut monastique en Auvergne. Ces premiers monastères ne ressemblaient
guère aux abbayes puissantes dont nous parlerons ensuite : c'étaient
des associations de *laïques* pieux, réunis pour prier, travailler et

enseigner. Plusieurs furent les berceaux de villes nouvelles ; quelques-uns eurent des écoles renommées (Issoire pour la dialectique, Manglieu pour le code Théodosien, Menat pour la musique, etc.). La règle monastique donnée en 543 par saint Benoît de Nurcie aux moines du mont Cassin, fut adoptée dans les monastères d'Auvergne comme dans la plus grande partie de ceux de la Gaule.

III. Nouveaux monastères. — Aurillac. — Les invasions des VIIIe et IXe siècles portèrent aux monastères un coup violent, mais non mortel : l'institution était vivace : trois ou quatre fois pris et brûlés, la plupart des couvents d'Auvergne se relevèrent de leurs ruines ; leur prospérité s'accrut même par la protection spéciale de quelques princes ; ainsi Menat et Manglieu reçurent de Louis le Débonnaire des priviléges nombreux. Au IXe siècle et au Xe siècle, les fondations se multiplièrent : la plus importante est celle de l'abbaye d'Aurillac, créée par le comte Géraud vers 915 et affiliée à la puissante congrégation de Cluny ; par les domaines dont l'enrichit son fondateur, par l'observation sévère de la règle bénédictine, par le goût et la pratique des études, si rare al...s, enfin par la puissance de l'ordre dont il dépendait, le monastère d'Aurillac exerça une puissante action sur tous les couvents d'Auvergne. Il eut de plus la gloire de donner à l'Auvergne et à la papauté un des grands hommes du moyen âge, Gerbert. Mentionnons encore l'abbaye de la Chaise-Dieu, fondée par Robert d'Aurillac, aux confins de l'Auvergne et du Velay, et qui acquit au milieu du moyen âge une très-grande importance.

IV. Gerbert. Son enseignement. Son pontificat. — La tradition fait de Gerbert un petit pâtre recueilli par les moines d'Aurillac et instruit par eux. Emmené à Barcelone par le comte Borel,

3.

il s'initia probablement aux sciences que les Arabes d'Espagne enseignaient à Cordoue avec un grand éclat. Il se perfectionna surtout dans l'étude des mathématiques, puis il alla en Italie; l'empereur Othon Ier l'attacha à sa personne vers 970. Un peu plus tard nous le retrouvons à l'école de Reims, qu'il illustre et dont il renouvelle l'enseignement, substituant à la sèche dialectique et à l'aride grammaire la lecture des poëtes et des orateurs latins, vulgarisant par l'*abacus* (sorte de table numérique) un nouveau système de numération, formant une bibliothèque de manuscrits précieux, construisant des sphères célestes et des instruments de musique. Bientôt la politique l'enlève à la science; on a peine à le suivre au milieu des ténébreuses intrigues par lesquelles il aide l'archevêque de Reims, Adlaberon, à préparer l'avénement des Hugues Capet (987). Une ambition trop peu scrupuleuse dépare cette partie de sa vie. Il se relève à la fin de sa carrière lorsque, grâce à l'empereur Othon III, dont il avait été le précepteur, il devient archevêque de Ravenne, et enfin pape sous le nom de Sylvestre II (999-1003). C'est le premier pape français et l'un des premiers grands papes du moyen âge. Il marqua son court pontificat par un premier projet de croisade. En véritable lettré, il le rédigea sous la forme d'un éloquent appel de l'Église de Jérusalem à l'Église de Rome. Gerbert eut beaucoup d'ennemis; après sa mort on l'accusa de sorcellerie : le goût des sciences, le culte des lettres si rare alors, une véritable éloquence qui éclate jusque dans ses plus courtes lettres, voilà sa *magie*, au milieu d'un siècle ignorant. Comme savant, comme politique et comme pape, il est l'expression la plus originale et la plus élevée de son époque.

V. La trêve de Dieu en Auvergne. — L'épiscopat n'était pas moins puissant en Auvergne que les monastères. De nombreux synodes provinciaux tenus à cette époque attestent sa vigilance ; c'est en Auvergne, avec l'évêque Begon, que semble avoir pris naissance, en 1002, l'idée de la *trére de Dieu*. L'Église, enrichie par les dons que la terreur de l'an mil avait multipliés, était donc vraiment souveraine dans ce pays, lorsque le pape Urbain II vint y tenir un concile.

VI. Concile de Clermont. — L'Auvergne était d'ailleurs comme un terrain neutre entre le Nord et le Midi, en même temps qu'un rendez-vous facile. Aussi y accourut-on de toutes parts. Le pape Urbain II fit son entrée à Clermont le 14 novembre 1095. Le concile tint ses sessions dans l'église cathédrale, mais la croisade fut prêchée par Pierre l'Ermite et Urbain II, sur une grande place qui s'étendait jusqu'au monastère de Chantoin (vers la place Delille). L'affluence des fidèles était si grande que les villages voisins regorgeaient d'hôtes improvisés, et que malgré la rigueur de la saison, beaucoup d'étrangers durent camper sous les tentes dans la plaine. L'enthousiasme fut immense ; au cri de *Dieu le veut !* des milliers de chrétiens prirent la croix sur la place même de la prédication. Une grande partie de la noblesse d'Auvergne se prépara à se joindre à l'armée dont le comte de Toulouse, Raymond de Saint-Gilles, prenait le commandement. L'évêque du Puy, Adhémar de Monteil, fut désigné pour être le chef spirituel de l'exécution.

VII. Décisions du concile de Clermont. — La prédication de la croisade fut l'acte principal, mais non le seul, du concile de Clermont. Il renouvela les sentences prononcées par Grégoire VII contre les prêtres qui achetaient les dignités ecclésiastiques et qui portaient les armes ; excommunia le roi de France Philippe Ier, publiquement adultère ; enfin développa l'idée de la trève de Dieu, dans une série de mesures, dont quelques-unes attestent un soin vraiment touchant du pauvre et du faible : le droit d'asile était étendu aux croix plantées sur les chemins ; les femmes, les enfants, les moines, les laboureurs et les marchands devaient jouir de la paix perpétuelle. Enfin tout noble devait jurer dès l'âge de douze ans, à l'évêque, de protéger les vierges, les épouses, les orphelins, les voyageurs. C'était le principe de la chevalerie. Le concile « décrétait donc en même temps, la paix de Dieu et la guerre de Dieu ».

VIII. Monuments et excursions historiques. — III. *Monastères.* On peut se faire une idée des abbayes du moyen-âge en visitant l'église abbatiale de Saint-Géraud, à Aurillac ; l'abbaye cistercienne de Féniers (pr. de Condat, C.), l'église romane du monastère de Mozat (pr. de Riom, P.-de-D.) dont dépendait le prieuré de Royat (quelques restes intéressants dans l'église et dans la cure), les ruines de Manglieu (pr. de Vic-le-Comte, P.-de-D.), celle de la Chartreuse, à Chapdes (pr. de Pontgibaud, P.-de-D.), et surtout la belle église de la Chaise-Dieu (Haute-Loire), avec ses tombeaux, ses boiseries, sa danse macabre, ses tapisseries, sa tour de Clément VI, son cloître. — IV. *Statue de Gerbert*, œuvre de David d'Angers, à Aurillac. — VI. Citons encore parmi les monuments de cette époque de foi, les églises d'Ennezat (P.-de-D.), d'Issoire (P.-de-D.), d'Orcival (P.-de-D.), de N.-D. des Miracles à Mauriac (C.), de Pierrefort (C.), etc.

VIII. L'Auvergne féodale. — Fréquentes interventions de la royauté. Démembrement du comté d'Auvergne.

I. La féodalité. — Si le XIe siècle coïncide avec le développement de la puissance ecclésiastique, le XIIe marque l'épanouissement de la féodalité. Mais les excès de la domination féodale ne tardent pas à appeler l'intervention de la royauté, intervention d'abord timide et peu sûre d'elle-même, qui restera cependant triomphante sous Philippe-Auguste, et rattachera l'Auvergne à la couronne par des liens solides.

II. Le régime féodal. — Les châteaux. — Le régime féodal, réduit à ses termes les plus simples, est le partage, le morcellement du royaume et de la souveraineté royale entre une foule de maîtres qui deviennent en l'absence ou au mépris de toute autorité supérieure, comme autant de petits rois absolus. Nominalement tous ces petits rois relèvent les uns des autres suivant les règles d'une hiérarchie, fort compliquée et fort irrégulière. En fait leur indépendance est presque complète; le lien qui rattache les vassaux aux suzerains est presque partout brisé; c'est l'anarchie universelle; sans le vigoureux effort de la royauté, c'eût été la dissolution et l'anéantissement.

En Auvergne, la nature elle-même favorisait singulièrement l'établissement de la féodalité. Des vallées étroites et profondes, des défilés, des collines aux pentes rapides, d'énormes roches volcaniques isolées et presque inaccessibles, tout cela constituait un pays créé comme à dessein pour recevoir les châteaux; aussi notre province en fut pour ainsi dire hérissée, et l'on peut encore en compter les ruines par centaines. L'Auvergne, le Velay, dont l'histoire est alors liée à celle de l'Auvergne, sont peut-être les pays de France qui ont gardé le plus fortement l'empreinte de la domination féodale. En contemplant à Tournoel, à Murol, à Polignac, ces triples enceintes, ces hautes tours, ces murs épais où des quartiers de basalte sont mêlés à la maçonnerie, ces masses colossales qui font corps avec le roc qu'elles

couronnent et semblent avoir jailli de ses entrailles, on com-
prend l'audace et l'impunité de ces barons pillards rançonnant,
outre leurs serfs, les voyageurs et les marchands, tenant sous
la terreur l'abbaye ou la ville du voisinage, et bravant du haut
de leur aire l'abbé, l'évêque, le comte et le roi. Cette triste et
dure société avait aussi ses gaietés; quelques-unes sont parti-
culières à l'Auvergne : le sire de Château-Gay apportait chaque
année au seigneur de Tournoel un verre d'eau; l'abbesse de Cusset
avait le droit d'exiger, le mardi gras, *trois légumes* dans tous les
jardins de la ville, etc.; mais ces coutumes gracieuses ou plaisantes
n'étaient que l'exception : la violence était la règle et la seule loi.

III. Principaux seigneurs d'Auvergne. — Au XI° siècle, les
vrais maîtres du pays étaient donc les possesseurs de petits fiefs;
les principaux étaient les vicomtes de Thiers, les seigneurs de
la Tour, les *comptours* d'Apchon, les barons de Mercœur, les
barons de Carlat et de Murat, les vicomtes de Turenne, les sires
d'Escorailles, de Dienne, de Miremont, de Montclar, les vicomtes
de Polignac; ces derniers surtout étaient l'effroi du Velay et de la
haute Auvergne, l'un d'eux, *Héracle de Polignac,* que l'on appelait
« *le roi de la montagne* », se rendit célèbre par ses brigandages
et principalement par le pillage de l'abbaye de la Chaise-Dieu.
Condamné par un concile, il se soumit, en 1181, à une pénitence
publique et alla mourir en terre sainte pendant la troisième croisade. Dieu était le seul souverain que ces pillards n'osaient
braver jusqu'au bout; et les croisades, en donnant à la fois satisfaction à leurs remords tardifs et à leur infatigable turbulence,
rendirent de grands services aux opprimés.

IV. Politique des premiers comtes d'Auvergne. — Tous ces possesseurs de fiefs relevaient des comtes d'Auvergne. Ceux ci descendants de Guillaume le Pieux, comptaient alors parmi les grands seigneurs du royaume. Leur position même les rendait redoutables; placés entre le roi de France au nord et les ducs d'Aquitaine (bientôt rois d'Angleterre) à l'ouest, ils opposaient l'un à l'autre pour s'affranchir de l'un et de l'autre. Leur indépendance bénéficia de cette situation équivoque, jusqu'au jour où les rois de France se décidèrent à revendiquer leurs droits les armes à la main. Le premier qui l'essaya fut Louis VI, l'*Éveillé*, le Batailleur : « le premier, dit Suger, il montra que l'efficacité de la vertu royale n'est pas renfermée dans les limites de certains lieux. »

V. Louis VI. Prise de Montferrand. — Louis VI intervint deux fois en Auvergne en faveur de l'évêque de Clermont. Les premiers Capétiens protégeaint l'Église, qui leur communiquait en retour quelque chose de sa force morale. Le comte Guillaume VI s'était rendu maître, vers 1126, du château de Clermont et en avait chassé l'évêque Aimeric ; à l'appel de celui-ci, le roi accourut avec une armée ; il s'empara de Pont-du-Château, entra dans Clermont, et signa avec le comte vaincu un traité par lequel « l'Église fut rendue à Dieu, les tours au clergé, et *la cité à l'évêque* ». Mais ce traité ne fut pas exécuté : Louis VI revint en Auvergne, Montferrand, place alors très-forte, l'arrêta quelque temps par une vigoureuse résistance; il s'en empara par surprise et fit couper une main à tous les soldats qui en composaient la garnison.

Suivant sa politique ordinaire, le comte d'Auvergne, menacé par le roi de France, s'était hâté de rendre hommage au duc d'Aquitaine. Celui-ci accourut avec quelques troupes ; mais quand il vit les forces dont Louis VI disposait, il n'osa engager la lutte; il se contenta d'intercéder en faveur de son vassal, offrit l'hommage au roi et lui livra des otages.

VI. Formation du Dauphiné d'Auvergne. — Sous Louis VII se produisit un premier démembrement du comté d'Auvergne. Vers 1155, Guillaume VIII, le Vieux, dépouilla son neveu Guillaume VII, le Jeune, du comté d'Auvergne; celui-ci protesta en vain. Après sa mort, son fils ayant cessé de revendiquer l'héritage paternel, reçut en échange de sa renonciation au titre de comte, quelques terres auxquelles il donna le nom de *Dauphiné d'Auvergne*, à cause de sa parenté avec les Dauphins de Viennois; Vodable fut sa capitale. Ce démembrement fut l'occasion d'un conflit entre le roi de France et le roi d'Angleterre. Le Dauphin ayant rendu hommage à Henri II Plantagenet, le comte se déclara vassal de Louis VII. Le premier vint en Auvergne et tint sa cour à Montferrand; le second, pour faire acte d'autorité, conduisit une expédition en Velay et réprima les brigandages des vicomtes de Polignac.

VII. Philippe-Auguste confisque le comté. — Mais l'influence française triompha définitivement sous Philippe-Auguste. D'abord ce prince obligea Richard Cœur de Lion à reconnaître à deux reprises (1189 et 1196) que l'Auvergne relevait de la couronne de France. Puis il intervint à titre de suzerain dans la querelle interminable de l'évêque et du comte. Le comte était Guy II de la Tour, vrais type de bandit féodal, tenant sous la terreur, du haut de son château de Tournoel, Riom, Clermont et toute la Limagne. L'évêque était son propre frère, Robert de la Tour, prélat belliqueux qui levait des bandes de routiers et pillait les domaines du comte. La lutte entre les deux frères fut acharnée de 1197 à 1213. En 1202, une réconciliation passagère s'opéra, et Guy donna en dépôt à l'évêque la ville et le comté de Clermont. Mais les hostilités recommencèrent en 1209. Le roi alors envoya au secours de l'évêque une armée qui, sous Guy de Dampierre, s'empara successivement de Chantelle, de Pont-du-Château, de Montferrand et enfin de Tournoël, après une longue résistance (1213). Le roi, maître de toutes les places fortes du comté, prononça la confiscation du comté.

VIII. Mort de Louis VIII. — Cette confiscation fut maintenue par Louis VIII, qui dans son testament de 1225 attribua tout le *comté* ou *terre d'Auvergne* en apanage à son second fils Alphonse, comte de Poitou. Louis VIII mourut en 1226, au château de Montpensier en Auvergne, à son retour de la guerre contre les Albigeois.

IX. Formation du nouveau comté (Vic-le-Comte). — Cependant le fils de Guy II de la Tour avait protesté contre la confiscation de ses domaines. La régente Blanche de Castille, obligée de désarmer quelques-uns des ennemis qui lui disputaient le pouvoir, lui accorda une première satisfaction par la restitution de quelques terres dont il forma un *nouveau comté* avec Vic-le-Comte pour capitale (1229). Mais le partage définitif ne fut fait que sous saint Louis, qui confirma l'existence du *nouveau comté*, tout en donnant à son frère Alphonse l'investiture du *comté proprement dit*, ou terre d'Auvergne (1241). Saint Louis visita Clermont en 1254, à son retour de la croisade; il y revint en 1262 et y célébra le mariage de son fils Philippe le Hardi avec Isabelle d'Aragon.

X. État de l'Auvergne au XIIIᵉ siècle. — Ainsi, au milieu du XIIIᵉ siècle, l'Auvergne était partagée en quatre grands fiefs : 1° *la*

terre d'Auvergne (*comté*), capitale Riom, appartenant à Alphonse
de Poitiers, et qui à sa mort fut réunie au domaine royal (1271);
2° le comté d'Auvergne (*nouveau comté*), capitale Vic-le-Comte, appartenant aux héritiers de Guy II de la Tour; 3° le Dauphiné
d'Auvergne, capitale Vodable, sous la domination des successeurs
de Guillaume le Jeune; 4° le comté de Clermont, appartenant à
l'évêque de cette ville, soit en vertu de l'acte de 1202, soit en
vertu des droits antérieurs confirmés à l'évêque Aymeric par
Louis VI. On verra comment tous ces fiefs firent retour à la couronne, à la suite de diverses vicissitudes, du XIII° au XVI° siècle.

Il est intéressant de suivre dans l'histoire des démêlés que nous
venons de raconter le caractère et la politique des rois qui ont
contribué à fonder notre unité nationale; Louis VI révélant aux
seigneurs le zèle entreprenant de la royauté, Louis VII soutenant
la lutte en dépit de ses embarras et de sa faiblesse; Philippe-Auguste menant de front la conquête et la procédure, saint Louis
associant l'équité à l'habileté. Ajoutons que l'Auvergne est désormais sous l'influence française et que, divisée en plusieurs fiefs,
elle ne constituera pas plus tard, comme la Bretagne ou la Bourgogne, un obstacle redoutable à la puissance royale.

XI. Pierre le Vénérable. — La cathédrale de Clermont. —
Notre province ne resta pas étrangère à l'espèce de renaissance
littéraire et artistique qui signala les XII° et XIII° siècles. Citons Pierre
de Montboissier-Canillac, qui, élevé à l'abbaye de Sauxillanges,
fut abbé de Cluny de 1121 à 1156. Il est célèbre, sous le nom de
Pierre le Vénérable, par son amitié pour Abailard et sa polémique
contre saint Bernard. On a de lui quelques traités et des lettres
utiles pour l'histoire de cette époque. En ce qui concerne les arts,
le style gothique, qui commençait à se substituer partout au style

roman, fit son apparition en Auvergne. Sous l'épiscopat de Hugues de la Tour, sur les plans de l'architecte Jean Deschamps, s'éleva en 1248 la cathédrale actuelle de Clermont. On admire l'unité et l'élégance de son style.

XII. Monuments et excursions historiques. — II. *Les ruines des châteaux féodaux* sont innombrables en Auvergne : dans le seul département du Cantal il y en a plus de cent : presque tous occupaient des positions formidables, d'énormes blocs de basalte, comme le rocher de Bonnevie (à Murat, C.). Un des mieux conservés est celui d'Anjony (pr. de Tournemire, C.). Dans la Haute-Loire, le plus vaste et le plus formidable est celui de Polignac (pr. du Puy), bâti sur un dyke isolé, à pans abrupts. Dans les montagnes qui séparent l'Allier de la Dore on visite Mauzun, Coppel, Montmorin, Ravel (pr. de Billom, P.-de-D.). — La Limagne est dominée par les châteaux de Chateaugay, et de Tournoel (pr. de Riom, P.-de-D.). Ce dernier, très-complet, renferme des constructions de trois époques, Mérovingienne, féodale, Renaissance. Dans le massif du mont Dore, il faut voir surtout Murol ; « sa silhouette terrible » se dessine sur un étrange paysage, dont le lac Chambon occupe le fond et que domine le cratère du Tartaret.

IX. La révolution communale en Auvergne.

I. La révolution communale. — Nous avons vu se produire en Auvergne, au XIᵉ siècle, le développement de la puissance ecclésiastique, et au XIIᵉ celui de la puissance féodale ; le grand fait du XIIIᵉ siècle est la révolution communale et le triomphe des droits des villes. Après le clergé et l'aristocratie, le troisième élément de la société, le plus important, la bourgeoisie affirme son existence et conquiert péniblement son indépendance.

L'Auvergne ne fit que s'associer au mouvement général d'affranchissement qui dès le xie siècle agita toute la France. Ce que voulaient partout les habitants des villes, jusqu'alors soumis, ici à l'évêque, là au seigneur, c'était tracer des limites à l'arbitraire, aux caprices du pouvoir féodal, faire consacrer leurs droits par une CHARTE, sorte de contrat entre eux et leurs maîtres, enfin assurer le respect de leurs droits et l'exécution de cette charte par l'élection de leurs magistrats municipaux. Ces prétentions légitimes excitaient l'indignation de ceux dont elles gênaient l'absolutisme.

« COMMUNE, dit Guibert de Nogent est un mot nouveau et détestable ; les gens taillables ne payent plus *qu'une fois l'an* à leur seigneur la rente qu'ils lui doivent ; s'ils commettent quelque délit, ils en sont quittes pour une amende *légalement fixée*, et quant aux levées d'argent qu'on a continué d'infliger aux serfs, ils en sont entièrement exempts. »

II. **Différentes formes de cette révolution.** — Pour faire triompher ces « détestables nouveautés », il fallait de l'audace, de la persévérance et surtout de l'union. Aussi les campagnes n'arrivèrent que fort tard à ce résultat ; tandis que dès le milieu du moyen âge les villes l'emportè.ent de haute lutte.

Cette révolution fut universelle, mais elle eut des formes variées. Au Nord elle se produisit par des associations semblables à celles que les Germains formaient entre eux avant l'invasion ; les habitants se lièrent par serment pour la défense de leurs biens et de leurs personnes ; et ce fut de cette sorte d'insurrection permanente, appelée la *commune jurée*, que sortit l'indépendance de la

plupart des villes du Nord. Au Midi les souvenirs de la domination romaine étaient restés vivants. Or l'empire romain avait
laissé aux villes une assez grande liberté municipale, dont la
tradition avait persisté obscurément pendant les invasions et sous
les deux premières races. Au XIIᵉ et au XIIIᵉ siècle, les institutions municipales gallo-romaines reparurent ou se complétèrent,
ce fut comme une résurrection. Les premiers magistrats des villes
du Midi prirent un nom tout romain, celui de consul, et quelques villes méridionales devinrent de véritables petites républi-
ques.

Les villes d'Auvergne appartiennent pour la plupart à la seconde
catégorie Cependant, dans l'histoire de l'affranchissement de
Clermont, certaines tentatives rappellent la commune jurée
du Nord.

III. Les évêques seigneurs de Clermont. — L'évêque de
Clermont étant souverain temporel de la cité, ce fut contre l'é-
vêque que fut dirigée toute la lutte municipale. L'évêque, on se le
rappelle, était à l'époque de l'invasion un véritable magistrat municipal, élu par le peuple et le clergé, défenseur des intérêts généraux. Mais au début du moyen âge l'épiscopat avait changé entièrement de caractère : les prélats, enrichis par de nombreuses
donations, choisis le plus souvent parmi les cadets des grandes familles, ayant des mœurs presque aussi belliqueuses que celles des
barons féodaux, étaient eux-mêmes de véritables barons : les défenseurs de la cité en étaient devenus les oppresseurs.

IV. L'évêque Robert accorde une première charte. — Les
habitants de Clermont profitèrent des embarras de leur évêque,
Robert de la Tour, alors en lutte contre son frère Guy II, pour lui

arracher en 1198 une charte municipale. Dans cette pièce curieuse rédigée en dialecte auvergnat, Robert promettait de ne mettre la main sur les personnes qu'en cas de crime, de respecter les biens, de ne pas donner asile à ceux qui auraient fait tort aux habitants, enfin d'accorder un pardon général pour ses griefs passés. De plus, il s'engageait à observer les *bonnes coutumes* qu'avaient observées ses prédécesseurs. Ces mots prouvent que, de temps immémorial, les habitants de Clermont avaient eu des droits et des institutions municipales ; ce qui était nouveau, c'était leur reconnaissance solennelle par l'évêque, dans une charte en langue vulgaire. Les concessions obtenues étaient bien faibles, sans doute ; mais la *république* ou commune de Clermont exista dès lors et scella ses actes de son sceau (1).

V. La confrérie de l'hôpital juré. — Un demi-siècle plus tard, les habitants de Clermont voulurent avoir davantage. Un prélat jeune et téméraire, Guy de la Tour, venait de monter vers 1250 sur le siége épiscopal. Les bourgeois, qui s'assemblaient dans la chapelle de l'hôpital, s'engagèrent par serment les uns envers les autres ; ils formèrent la confrérie de l'*hôpital juré*, et nommèrent des consuls ; c'était une véritable commune jurée. L'évêque lança l'interdit sur les conjurés. L'affaire fut portée devant le parlement royal ; Blanche de Castille administrait le royaume en l'absence de Louis IX qui se trouvait à la croisade ; l'évêque eut gain de cause, les consuls furent supprimés, la confrérie dissoute et la charte de 1198 remise en vigueur (1253). Mais la paix ne rentra pas dans la cité ; pendant dix ans l'évêque et les habitants furent en état de guerre ; un sergent de l'évêque fut assassiné à Chamalières ; les

(1) Renaud, *Histoire de la commune de Clermont.*

témoins du meurtre furent enlevés à la justice par les bourgeois; un peu plus tard les bourgeois fermèrent les portes de la ville, empêchant les gens de l'évêque d'entrer et de sortir; la foule alla même assaillir à coups de pierres le palais épiscopal; toutes ces querelles furent déférées au parlement ou au roi lui-même, et presque toujours les bourgeois furent punis de l'amende.

VI. Nouvelle charte. — Mais ils prirent leur revanche vers 1266, en exploitant la vieille rivalité des comtes d'Auvergne et de l'évêque-comte de Clermont. Le comte d'Auvergne était alors Alphonse de Poitiers, frère du roi. Les bourgeois lui transférèrent leur hommage par une décision collective. Guy, effrayé du danger qu'il courait, se décida à donner entière satisfaction aux bourgeois; il leur octroya une charte en 47 articles. La ville était constituée en *université* ou *commune*, avait ses consuls, sa caisse, sa garde, sa maison commune.

VII. Nouvelle lutte entre les habitants et l'évêque. — C'était un grand progrès sur la charte de 1198; mais le duel entre le pouvoir municipal et le pouvoir épiscopal dura longtemps encore à propos des impôts, des fossés, de la maison commune, etc. L'intervention du roi et du parlement devint de plus en plus fréquente sous Philippe le Hardi et sous Philippe le Bel. A force d'intervenir dans ces luttes entre les bourgeois et leurs maîtres, également tenaces, les rois finirent par bénéficier de la révolution communale : en les choisissant sans cesse pour arbitres, on les rendit peu à peu souverains.

VIII. Autres chartes. — L'Alphonsine. — Telle est l'histoire de la commune de Clermont. Un grand nombre de villes ou gros

bourgs obtinrent, au xɪɪᵉ siècle, au prix de luttes semblables, des
chartes analogues. A Aurillac, la lutte entre l'abbé et les habitants dura de 1202 à 1298; à Brioude, plus longtemps encore.
Une des chartes les plus célèbres de la province est celle qu'Alphonse de Poitiers accorda à Riom, la capitale de son comté :
on l'appela l'*Alphonsine* (1270). Elle servit de type à un grand
nombre d'autres chartes d'Auvergne. Les premiers magistrats sont
des *consuls* élus, assistés de conseillers élus; ils administrent la
ville sous le contrôle d'un bailli, représentant de l'évêque ou du
seigneur : à ce contrôle se substituera plus tard celui du roi.
La police, les finances, la garde de la ville, sont dans les attributions
des consuls. En certains cas, les bourgeois s'assemblent dans leur
maison commune ou *parloir*. Les attributions judiciaires sont par-
tagées, de façon diverse, entre les consuls et le seigneur.

IX. Les dix-neuf bonnes villes d'Auvergne. — Au xɪᵛᵉ siècle
l'Auvergne comptait dix-neuf *bonnes villes*; treize pour la basse
Auvergne : Clermont, Montferrand, Riom, Billom, Issoire, Saint-
Germain-Lembron, Ozun, Brioude, Ebreuil, Aigueperse, Saint-
Pourçain, Cusset, Langeac; six pour la haute Auvergne : Saint-
Flour, Aurillac, Mauriac, Salers, Chaudesaigues, Maurs. On
appelait bonnes villes les villes closes, ayant leur municipalité,
le ur milices, leurs priviléges sous la protection immédiate du roi.

X. Avénement du tiers état. — Les campagnes, *le plat pays*,
devaient attendre longtemps encore leur affranchissement, mais la
bourgeoisie des villes, habituée à l'ordre, à l'économie, à la résistance, constitua bien vite un élément solide dans l'État, un précieux auxiliaire pour la royauté.

Dès le commencement du xvɪᵉ siècle, Philippe le Bel appelle

dans ses conseils ce troisième ordre, ce *tiers état*, aux premiers états généraux (1302); et pendant la guerre de cent ans, les *états provinciaux* jouèrent un rôle honorable et utile au milieu des misères du pays.

XII. Monuments et excursions historiques. — XI. *Les bonnes villes.* En Auvergne, la révolution communale n'a pas laissé comme dans le Nord des monuments de premier ordre, hôtels de ville, beffrois, etc.; la ville de Salers (C.) est une de celles qui ont conservé le plus fidèlement leur physionomie du XIVe siècle (enceintes concentriques, maisons à pignons et à tourelles, etc.). On peut voir à Clermont quelques maisons du XIVe ou du XVe siècle (rue des Chausseliers, rue Barnier, etc.); à Oliergues (P.-de-D.), à Vic-sur-Cère, (C.) quelques maisons fortifiées dignes d'attention. — Au XIIIe siècle l'ordre des Templiers avait plusieurs *commanderies* en Auvergne : ruines de Turluron (pr. de Billom, P.-de-D.), de Jabrun (pr. de Chaudesaignes, C.), et de Champagnac (pr. de Saignes, C.). A Saint-Pierre-Colamine, les grottes de Jonas (pr. du mont Dore, P.-de-D.), un véritable village creusé dans le roc, sont attribuées par la tradition aux Templiers. — La maison de Montaigut dont on voit le château en ruines à Montaigut-le-Blanc (pr. de Champeix, P.-de-D.), a donné au XIIIe siècle des grands maîtres aux ordres des Templiers et de Saint-Jean de Jérusalem.

X. L'Auvergne pendant la guerre de Cent ans. — Les grandes Compagnies. — Les États provinciaux.

I. Éveil du patriotisme. — L'Auvergne sortait à peine des misères de l'époque féodale, lorsque la guerre de Cent ans la replongea dans des maux nouveaux. Elle va subir à plusieurs re-

prises les ravages de l'invasion, elle va connaître surtout un fléau
pire encore, celui de l'occupation du pays par les bandes armées, les
grandes compagnies. Mais nous verrons au milieu de ces désastres
l'esprit national, le patriotisme s'éveiller, la solidarité s'établir
entre tous ceux qui souffrent, les différentes classes de la société, les
villes jusque-là isolées dans leur égoïsme, les diverses provinces de
la même région unir leurs efforts pour la délivrance. L'histoire
des états provinciaux d'Auvergne est surtout à cet égard pleine
d'intérêt.

II. Le Prince Noir en Auvergne. — Ce fut en 1356 que l'Auvergne fut visitée pour la première fois par l'invasion anglaise; le Prince
Noir, fils du roi d'Angleterre, Édouard III, venait de piller le Languedoc; il conduisit ses troupes en Auvergne. Comme au temps du
roi Thierry, le pays devait plaire aux pillards : « Ils chevauchaient à
leur aise, dit Froissard, trouvant le pays moult gras et rempli de
tous biens... Quand ils entraient dans une ville et qu'ils s'y étaient
refreschis deux ou trois jours, ils s'en partaient; ils exilaient le
demeurant, défonçaient tonneaux pleins de vin, ardaient (brû-
laient) blés et avoines... » Quelques mois plus tard, les folies che-
valeresques du roi Jean assuraient à cette bande de pillards anglais, qu'il eût été facile de châtier, une victoire aussi facile
qu'inespérée sur la colline de Maupertuis près de Poitiers, 1356;
la noblesse d'Auvergne figura avec honneur dans cette bataille;
les sires de la Fayette, de la Tour, de Montaigut, de Senectaire,
tombèrent autour du roi Jean.

III. Les états de la province. — On a vu dans l'histoire générale les maux qui suivirent, de 1356 à 1360 : la guerre civile
mêlant ses horreurs à celles de la guerre étrangère, la révolution

à Paris, la jacquerie dans les campagnes, le honteux traité de Brétigny. L'Auvergne eut sa part de ces souffrances; mais on ne saurait trop admirer l'énergie que déployèrent alors ses états provinciaux, composés des députés des bonnes villes. Dès 1356, on les voit se réunir pour envoyer des députés aux états généraux du royaume, qui, à Paris, sous l'énergique direction d'Étienne Marcel, allaient essayer une réforme prématurée. Une seconde fois, la même année, les trois ordres de la province délibèrent pour répartir entre les habitants la taxe assignée à l'Auvergne par les états généraux; dans une troisième session au mois de décembre, ils décrètent, de leur propre autorité, une taxe nouvelle, et choisissent un capitaine pour la défense du pays. Le Dauphin Charles en lutte avec Étienne Marcel, Paris en révolution, les provinces ne pouvaient attendre de secours que d'elles-mêmes : l'Auvergne ne fut pas la dernière à mettre en exécution la maxime : Aide-toi, le ciel t'aidera.

IV. Expédition de Robert Knowles. — En 1359, les Anglais voulurent recommencer en Auvergne ces courses fructueuses, dont ils revenaient riches pour plusieurs années avec des milliers de charrettes de butin. Ils reparurent sous la conduite d'un de leurs chefs les plus fameux, Robert Knowles. Mais ils ne trouvèrent pas cette fois le pays sans défense : au bruit de leur arrivée, chevaliers et paysans marchèrent à leur rencontre sous la conduite du jeune Dauphin d'Auvergne, Béraud II. Après quelques « belles apertises d'armes », les Anglais, craignant les surprises, quittèrent de nuit ces montagnes dangereuses.

V. L'Auvergne donnée à Jean de Berry. — Le traité de Brétigny laissa l'Auvergne à la France (1360). Mais notre pro-

vince se trouva à ce moment veuve de presque tous ses défenseurs, tués à Poitiers ou prisonniers en Angleterre. Pour comble
de malheur, cette année même, 1360, la terre d'Auvergne, réunie
au domaine royal à la mort d'Alphonse de Poitiers (1271), reçut
un nouveau maître. Jean le Bon l'érigea en duché-pairie pour un
de ses fils, Jean, duc de Berry. Ce n'était pas de ce prince indolent
et avide que l'Auvergne pouvait attendre sa défense.

VI. Les grandes compagnies. — La guerre semblait finie;
mais la paix c'était encore la guerre, et une guerre atroce. De
toutes parts les bandes armées licenciées par les deux nations
s'abattirent sur les campagnes. L'Auvergne dut leur plaire tout
particulièrement. Ses châteaux merveilleusement assis et fortifiés,
quelques-uns déserts, la plupart mal gardés, devinrent, par quelques coups de main, leurs forteresses; ses grasses plaines furent
leurs seigneuries qu'ils rançonnèrent sans merci; courant le pays,
brûlant les monastères, se riant des armements faits contre eux,
et même des excommunications pontificales qui effrayaient jadis
les barons du XIIe siècle, ils étaient la plaie incurable de l'Auvergne. Le plus souvent ils tenaient pour la cause de l'Angleterre; mais aucun intérêt national n'était engagé dans ces opérations de bandits de toute race.

VII. Leurs principaux chefs. — Les chefs les plus renommés
étaient Séguin de Badalol, qui tint plusieurs années Brioude sous
la terreur; Aymerigot Marchez, qui, du château d'Alleuse, ran-
çonna vingt ans toute la haute Auvergne, Geoffroy Tête noire,
Louis Raimbaud, Limousin, Olim Barbe, Perrot le Béarnais; parfois, au milieu de ces aventuriers, de ces cadets, de ces bâtards

on trouvait des grands seigneurs, comme Bernard de Ventadour : la sauvagerie du monde féodal renaissait dans ce milieu.

VIII. Essais de résistance. Duguesclin. — Pendant vingt-cinq ans l'Auvergne fut leur proie (1); elle ne s'abandonna pas; elle essaya tour à tour des armes et des négociations. Dès 1362, le maréchal d'Andenahan, lieutenant du roi en Languedoc, conclut avec les principaux chefs une convention en vertu de laquelle les routiers devaient abandonner la province, moyennant une somme de quarante mille florins. Les états s'empressèrent de voter une taxe extraordinaire; on songeait déjà à envoyer ces bandes en Espagne, pour y soutenir Henri de Transtamare contre Pèdre le Cruel. Cette expédition se fit en effet sous les ordres du grand capitaine Bertrand Duguesclin, en 1366; mais les bandes d'Auvergne ne le suivirent pas, ou revinrent bien vite, car en 1367 nous retrouvons Séguin de Badafol à Brioude, et les autres dans leurs châteaux.

La guerre contre les Anglais, qui recommence en 1369, fournit de nouveaux prétextes à leurs incursions. En vain Jean de Berry, duc d'Auvergne, vient en 1371 diriger de son château de Nonette (près d'Issoire) la défense du pays; en vain le connétable Duguesclin, qui guerroie en Limousin, pousse-t-il les aventuriers jusqu'au château d'Usson qui capitule; en vain le comte d'Armagnac offre-t-il à l'Auvergne le secours de ses armes et des prêts d'argent qui pèseront longtemps sur les finances des bonnes villes; les compagnies continuent à dévaster, à *manger* le pays. La trève de 1377, en les rendant au repos, redouble leur audace entreprenante. C'est vers cette région infestée d'hôtes incommodes que Duguesclin se dirige à la fin de sa vie (1380).

(1) Voy. Mazure, *L'Auvergne au XIVᵉ siècle.*

4.

Reçu partout avec joie, il traverse l'Auvergne, et, après avoir
enlevé le château de Châliers dans la haute Auvergne, va assiéger
celui de Châteauneuf de Randon (Lozère). Il mourut sous les murs
de cette place. Ses entrailles furent déposées au Puy (son mauso-
lée se trouve dans l'église de Saint-Laurent) ; ses restes traversèrent l'Auvergne au milieu des marques de regrets unanimes, à
Clermont, à Monferrand, à Riom ; le pays saluait en lui l'homme
qui aurait pu le sauver ; mais il attendait encore son libérateur.

IX. **Exactions du duc de Berry. Misères du pays.** — Toutes
les souffrances fondaient à la fois sur la région ; l'ennemi, ce n'é-
tait pas seulement l'Anglais, le routier ; c'était le maître. Le duc
d'Auvergne était en effet Jean de Berry, l'un de ces oncles avides du
jeune roi Charles VI, qui, en 1380, s'étaient rendus maîtres du gouvernement comme d'une riche proie. On pense s'il opprima son apanage ! En 1377, au plus fort de la lutte contre les compagnies, les
états provinciaux protestent énergiquement contre une taxe levée
par lui sans leur assentiment ; la résistance coûte cher parfois : les
consuls de Monferrand résistent à un impôt arbitraire : « Six d'entre nous, écrit simplement l'un d'eux, furent enfermés pendant huit
jours dans la grosse tour de Riom ; à la fin, il fallut bien compo-
ser avec le duc ! » Aussi quel épuisement ! La ville d'Aigueperse, par
exemple, qui comptait en 1373 cent trente-deux feux (ou familles),
se trouve réduite à cinquante-huit. Dans les campagnes, c'est pire
encore : l'Auvergne a sa jacquerie comme le Nord ; les paysans, conduits par un chef, Pierre Bruyère de Limagne, pillent châteaux
et églises (1384), jusqu'à ce qu'ils soient écrasés par le duc de
Berry.

X. Perrot le Béarnais à Montferrand. — A la faveur de l'a-
narchie un chef de bande, Perrot le Béarnais, dirigea en 1387, de
son château de Chalucet, un coup de main fameux contre Montferrand. C'était alors une ville très-peuplée, renfermant « riches
vilains, à grand foison », et aussi une place très-forte, « entourée
de grands fossés, protégée par un marais, haute, carrée et très-bien
flanquée ». Un des compagnons de Perrot, Géronnet, qui y avait été
retenu quelque temps prisonnier, avait pu tout observer. Le 7 fé-
vrier 1387, déguisé en marchand de Provence, il vint s'installer à
l'hôtel de la Couronne avec quelques compagnons, sans éveiller de
soupçons, car c'était la veille de la *foire* aux provisions. Pendant
la nuit qui était obscure et pluvieuse, Perrot arriva sous les murs
de la place; les portes étaient mal gardées; Géronnet s'en fit livrer
les clefs par un tailleur à demi mort de frayeur et introduisit la
bande; les habitants, réveillés dans leur premier sommeil par le
tumulte, s'enfuirent vers le château; mais le seigneur, après avoir
reçu quelques-uns de ses amis, tint ses portes closes et ses ponts
levés. Quelques bourgeois furent tués dans la bagarre; mais les
vainqueurs, plus avides que féroces, allèrent s'installer dans les
hôtelleries de la ville et y faire bonne chère; puis ils procédèrent
méthodiquement et sans violence au pillage.

XI. Délivrance de Montferrand. — A Clermont l'alarme était
grande. Cependant on résolut de tenter quelque chose pour la délivrance de la ville voisine. Deux ou trois cents hommes sortirent
bien armés; mais dès que les routiers apparurent, les compagnons
Clermontois lâchèrent pied. Toutefois les aventuriers craignirent
d'être bloqués dans Montferrand; le 9 ils partirent précipitamment,
emmenant de nombreux prisonniers et emportant tout ce qui se
pouvait emporter.

XII. Louis de Bourbon. Fin de quelques routiers. — Mais on leur fit dès lors une rude guerre. Déjà en 1385, Louis II de Bourbon, gendre de Béraud, Dauphin d'Auvergne, prince brave et clément, vrai héros de chevalerie, avait conduit contre eux une courte et brillante campagne, et avait enlevé au routier Channel la Roche-Sanadoire. Après lui se signalèrent Bonnebault Bonne Lance, le vicomte de Meaux et Boucicault. Les grands aventuriers disparaissent peu à peu de la scène : Séguin de Badafol était mort tranquillement à Riom; après avoir légué 200 livres et un drap d'or à la Chartreuse, pour y être enterré comme un honnête seigneur. Geoffroy Tête noire fut mortellement blessé après avoir défendu un an son château de Ventadour; Limousin et Raimbaud se prirent de querelle, et le premier livra le second aux gens du roi. Aymerigot Marchez vendit son château d'Alleuse, pour recommencer ses brigandages à la Roche-Vendeix; assiégé, il s'échappa, mais s'étant réfugié chez son cousin le sire de Tournemire, il fut par lui livré au roi, et écartelé (1390). On ne sait ce que devint Perrot. La Roche d'Onzat et Opme, près de Gergovia, furent les derniers repaires enlevés aux bandits. L'Auvergne respira enfin; au même moment, le roi passant en Auvergne, reçut les plaintes des habitants contre le duc de Berry et mit un terme aux exactions de celui-ci (1391).

XIII. La Praguerie. — L'histoire d'Auvergne pendant la fin de la guerre de Cent ans renferme peu d'événements importants. Le duc de Berry étant mort en 1416, sans héritiers mâles, le duché d'Auvergne fit provisoirement retour à la couronne; mais en 1425, Charles VII en fit don au duc de Bourbon, gendre du duc de Berry et petit-fils par sa mère du Dauphin d'Auvergne; c'est ainsi que la maison de Bourbon posséda au XVe siècle, deux des quatre grands fiefs auvergnats le *Duché* et le *Dauphiné*. La Praguerie émut un instant l'Auvergne, en 1440, et Chabannes, l'un des chefs de la révolte, mit garnison dans quelques places ; mais Charles VII vint en Auvergne, et Saint-Pourçain, Ebreuil, Montaigut, Chambon, Charroux se soumirent presque sans résistance.

Les misères salutaires de la guerre de Cent ans avaient attaché fortement l'Auvergne à la patrie française, et établi entre les villes, jusque-là indifférentes ou rivales, des liens que le temps ne dénouera plus.

XIV. Monuments et excursions historiques.—II. *La Fayette.* Ruines du château d'Aix-La-Fayette, à Saint-Germain l'Herm (P.-de-D.). *Saint-Nectaire*, il ne reste rien du château de Saint-Nectaire ; mais on visite l'église romane merveilleusement placée sur un rocher à pic et renfermant de curieux chapitaux. — IX. *Jean de Berry* fit construire à Riom en 1382 la sainte chapelle (vitraux remarquables). — X. *Montferrand*, vu de la route de Riom, a conservé quelques traits de sa physionomie du XIVᵉ siècle, avec ses fossés et les restes de ses remparts. A l'intérieur beaucoup de maisons romanes, des pignons, des écussons, des portes sculptées, des bas-reliefs, quelques escaliers de la Renaissance et une assez belle église du XVᵉ siècle. — XII. *La roche Vendeix*, isolée au centre d'un paysage pittoresque, sur les bords de la Dordogne, (p. de la Bourboule, P.-de-D.). Il ne reste rien du château.

XI. L'Auvergne sous la maison de Bourbon. — Réunion définitive à la Couronne.

1. Période de calme. — La période qui s'étend du règne de Louis XI à celui d'Henri II est comme une éclaircie entre deux

orages. Les luttes entre la maison de Bourbon et la royauté troublent à peine le repos de l'Auvergne qui, tranquille au milieu des
convoitises qu'elle excite, s'associe, mais timidement, au mouvement de la Renaissance.

II. Puissance des ducs de Bourbon. — Après la guerre de
Cent ans, la royauté se trouva de nouveau en présence d'une en-
nemie dangereuse, la féodalité; non plus la féodalité barbare et
brutale du XIIe siècle contre laquelle les premiers Capétiens avaient
lutté avec tant de persévérance; mais la féodalité des princes *apa-*
nagés, c'est-à-dire de ces fils, de ces frères de rois, auxquels les
rois eux-mêmes avaient donné de vastes fiefs, et créé de véritables
royaumes dans le royaume; ils aspiraient maintenant à une entière
indépendance, ces ducs de Bourgogne, de Bretagne, de Bourbon,
d'Anjou, et ils ne pouvaient l'obtenir que par le démembrement de
la nation. « Ils aimaient tant la France qu'au lieu d'un roi, ils auraient voulu lui en voir dix, » Les ducs de Bourbon n'étaient pas les
moins redoutables : ils avaient au centre de la France un groupe
compacte d'États, Bourbonnais, Forez, Marche, duché et Dauphiné
d'Auvergne, etc. Nous allons voir que Louis XI et François Ier
eurent à compter sérieusement avec eux.

III. Louis XI en Auvergne pendant la ligue du Bien public
— Le duc de Bourbon Jean II (1456-86) prit part, dès le début du
règne de Louis XI, à cette ligue du *Bien public* qui n'était, malgré
son beau titre, qu'une coalition des intérêts particuliers. Les ducs
de Nemours et d'Albret, le comte d'Armagnac, que le roi croyait
avoir attachés à sa cause, vinrent joindre leurs forces à celles de
Bourbon. Mais Louis XI terrifia les conjurés par la rapidité de son
apparition; ayant enlevé Gannat d'un coup de main, il vint asseoir

son camp au faubourg de Mozat, près de Riom; les princes trai-
tèrent avec Louis à Riom, en 1465, et le roi put repartir sur-le-
champ pour Paris que menaçaient d'autres coalisés.

IV. Louis XI accorde le consulat à Clermont. — Clermont
était demeuré, au milieu de ces troubles, fidèle à la cause royale;
cette fidélité, qui ne devait pas se démentir, même au milieu des
troubles du XVIe siècle, plut à Louis XI : il le montra en 1479,
lorsqu'il soutint énergiquement les bourgeois de Clermont contre
les prétentions de leur évêque, Charles de Bourbon, et leur
octroya, par lettres patentes de 1480, les priviléges les plus éten-
dus. Le consulat, si longtemps contesté, fut définitivement établi,
grâce à la protection de ce roi, bourgeois de cœur comme de
costume.

V. Doyat. — L'intervention de Louis contre le prélat de la maison de Bourbon, n'était qu'un épisode au reste de la lutte vigoureuse qu'il entreprit à la fin de son règne contre cette famille, trop
puissante en Auvergne pour ne pas exciter ses soupçons. A cette
lutte se rattache le souvenir d'un de ces hommes obscurs que
Louis XI aimait à choisir dans la foule de ses serviteurs pour en
faire ses agents énergiques et dévoués. Jean Doyat était né à
Cusset, sujet du duc de Bourbon; il était devenu, au service du
roi de France, bailli de Montferrand; à ce titre il avait signalé
souvent les concussions, les usurpations des officiers du duc. En
1477 il ouvrit contre eux à Cusset, comme commissaire extraordinaire, une enquête bruyante, scandaleuse; en 1481 il vint tenir
à Montferrand, au nom du roi, des *grands jours*, espèce de hautes
assises de la justice royale; il y réforma les sentences du duc,
l'inquiéta, l'humilia, parlant en maître au nom du maître. A Cler-

mont, c'était encore le duc qu'il attaquait en encourageant les
bourgeois à la résistance contre l'évêque, un Bourbon, en dotant
la ville de règlements de police sur la voirie, la boulangerie, etc.
Louis XI, satisfait, reconnut ses services en l'anoblissant et en le
faisant chambellan. Ces serviteurs de Louis XI, au reste, brillaient
plus par le dévouement que par le désintéressement. Doyat ne se
faisait aucun scrupule de recevoir des consuls cinquante deniers
d'avoine avec une pipe de vin, et d'en réclamer encore deux ou
trois pipes pour servir à la cour les intérêts de Clermont.

VI. Vengeance du duc de Bourbon. — Mais ces instruments
du roi absolu ne pouvaient rien que par le roi. Louis XI mort,
Doyat se trouva livré sans défense à la cruelle rancune du duc de
Bourbon. Accusé à son tour devant le parlement d'usurpation, de
concussions, de « mauvaises paroles », il fut condamné à être
battu de verges « au cul d'une charrette », à avoir la langue percée,
une oreille coupée, plus le bannissement et la confiscation. La
sentence fut exécutée à Montferrand en 1486. Doyat cependant
ne disparut pas de la scène; il servit utilement Charles VIII dans
l'artillerie, pendant la guerre d'Italie.

VII. Jacques d'Amboise, évêque de Clermont. — Sous
Louis XII, l'Auvergne heureuse et tranquille n'a à enregistrer dans
son histoire que les bienfaits de l'administration d'un évêque de
Clermont. Jacques d'Amboise, frère du bon cardinal dont Louis XII
avait fait son premier ministre, était un véritable prélat de la
Renaissance; généreux, passionné pour les arts, il marqua partout
son passage par des travaux utiles ou brillants. Il fut d'abord
abbé de Cluny, et fit élever à côté de son monastère un beau palais abbatial. Il devint ensuite abbé de Saint-Allyre, et fut enfin élu

évêque par le chapitre de Clermont (1505). Il dota sa cathédrale d'une belle charpente, d'une toiture en plomb et d'un élégant clocher; il fit creuser un aqueduc pour amener à Clermont les eaux de Royat, et fit élever l'élégante fontaine qu'on appelle aujourd'hui la *fontaine Delille*. Jacques d'Amboise mourut en 1516; il fut, on verra pourquoi, un des derniers évêques *élus* par le chapitre de Clermont.

VIII. Première rédaction des coutumes d'Auvergne. — Ce fut aussi sous le règne de Louis XII, et sur son ordre, que les *coutumes d'Auvergne* furent rédigées par des légistes, et approuvées par les états provinciaux, malgré la résistance assez vive que le clergé opposa à quelques articles (1510). Cette œuvre importante témoignait des progrès de l'esprit public et assurait aux justiciables de sérieuses garanties.

IX. Le chancelier Antoine Duprat. — Depuis deux siècles l'Auvergne avait fourni à la monarchie plus d'un serviteur utile. Le chancelier Pierre de Flotte, seigneur de Ravel, sous Philippe le Bel, Montaigut et Giac, seigneur de Châteaugay, sous Charles VI, Doyat sous Louis XI. A François Ier elle donna Antoine Duprat, né à Issoire en 1463. Président du parlement de Paris sous Louis XII, il fut fait chancelier de France en 1515. Avec François Ier la monarchie allait devenir absolue, et on n'ignore pas que, le premier, ce roi ajouta à ses ordonnances la formule : « car tel est notre bon plaisir ». Or Duprat est de tous ses ministres celui qui a le plus contribué à l'établissement du régime du bon plaisir. Serviteur plein de zèle, mais sans scrupules, il rendit au roi beaucoup de services, quelques-uns peu honorables, et il se les fit tous

chèrement payer; on ne saurait ni le condamner ni l'absoudre tout
à fait.

X. Le Concordat. Corruption de la magistrature. — Son
nom se trouve mêlé à tous les événements de la première partie
du règne. Il négocia le concordat de Bologne (1516), en vertu
duquel le roi, nommant à toutes les dignités ecclésiastiques, eut le
clergé sous sa main et les biens de l'Église à sa disposition. En
cela Duprat ne travaillait pas seulement pour le roi; car, après la
mort de sa femme, il entra dans les ordres, et devint promptement
archevêque de Sens, cardinal, légat. De plus, Clermont eut successivement pour évêques deux Duprat. Il recourut à des moyens
de toute sorte pour remplir le trésor que les dépenses du roi
vidaient sans cesse. Il vendit des charges de magistrats. Jusque-
là le trafic de ces charges était clandestin et inavoué, il devint
dès lors légal et officiel. C'est comme chancelier, c'est-à-dire
comme chef suprême de la justice royale, que Duprat mérite
le blâme le plus sévère; il pesa sur la conscience des juges,
choisit à son gré des magistrats pour frapper ses ennemis ou
ceux du roi, particulièrement dans l'inique procès du surinten
dant Semblançay et dans celui du connétable de Bourbon. On ne
saurait méconnaître l'activité qu'il déploya dans les négociations
extérieures, surtout pendant la captivité du roi à Madrid. Il mourut
en 1535. Il fut inhumé à Sens, dans l'église cathédrale de son
diocèse; on remarqua qu'il y entrait pour la première fois.

XI. Procès et trahison du connétable de Bourbon. —
Charles III de Bourbon-Montpensier, fils de Gilbert de Montpensier,
était à l'avénement de François Ier, le plus puissant seigneur du

centre de la France; il possédait le duché de Montpensier et le dauphiné d'Auvergne; sa femme, Suzanne de Beaujeu, lui avait apporté en dot le duché d'Auvergne et d'autres domaines. Doué d'une folle bravoure et d'une rare intelligence des choses de la guerre, il avait contribué au succès de la bataille de Marignan, et reçu le titre de connétable; mais il avait autant d'orgueil que de talents, et François Ier blessa comme à plaisir cet orgueil en lui enlevant, en 1521, le commandement de l'avant-garde; la mère du roi, Louise de Savoie, était l'instigatrice de ces mesures vexatoires. A la mort de la femme du connétable, Suzanne de Beaujeu (1521), Louise, par passion ou par intérêt, songea, dit-on, à épouser le connétable; exaspérée de son dédain, elle se vengea en lui disputant la succession de Suzanne, et elle se la fit attribuer par des juges vendus à Duprat. On sait le reste : Bourbon trahit le roi et la France; il signa avec Charles-Quint un traité en vertu duquel le royaume devait être démembré à son profit. Mais ces coupables projets, qui au siècle précédent n'eussent étonné personne, soulevèrent l'indignation générale en France et même autour de Charles-Quint. Bourbon avait cru entraîner toute la noblesse d'Auvergne; il dut s'enfuir comme un malfaiteur, suivi seulement d'un écuyer. L'Auvergne était Française.

XII. Confiscation de ses domaines. — Le roi fit aussitôt saisir tous ses fiefs (1523); et lorsqu'en 1527 Bourbon mourut en montant à l'assaut des murs de Rome, un arrêt du parlement confisqua ses biens pour crime de haute trahison. François Ier en laissa la jouissance à sa mère, Louise de Savoie, mais à la mort de cette princesse ils furent définitivement réunis à la couronne (1532). C'est ainsi que le Dauphiné et le duché d'Auvergne rentrèrent dans le domaine royal (1).

(1) Duprat ne rougit pas de prendre sa part des dépouilles de celui

XIII. Réunion à la couronne du comté d'Auvergne et de l'évêché de Clermont. — Restaient le comté d'Auvergne (Vic-le-Comte), à la maison de la Tour, et le comté de Clermont à l'évêque; ils ne tardèrent pas à avoir le même sort que les deux autres grands fiefs. Le comté d'Auvergne passa du dernier comte de la Tour à Jean Stuart d'Albanie et de celui-ci à Catherine de Médicis, qui l'apporta en dot au futur Henri II (1536). Devenue reine, Catherine réveilla la vieille querelle des comtes d'Auvergne et des comtes-évêques de Clermont. L'évêque de Clermont était alors le fils du chancelier Duprat, Guillaume Duprat, celui même qui fonda à Paris le collége de Clermont (aujourd'hui lycée Louis le Grand). Duprat perdit son procès, et le parlement adjugea le comté de Clermont à la reine (1551). Catherine, pour gagner la faveur de ses nouveaux sujets, accorda aux Clermontois divers priviléges et modifia leur constitution municipale : les consuls furent remplacés par des échevins. Un peu plus tard la cour des aides fut créée à Montferrand (1557).

C'est ainsi que l'Auvergne passa tout entière sous la domination royale au milieu du XVIᵉ siècle.

XIV. Monuments et excursions historiques. — VII. *Jacques d'Amboise.* C'est avec lui que la Renaissance fit son apparition en Auvergne. Le chef-d'œuvre de l'art gracieux du XVIᵉ siècle à Clermont est la fontaine d'Amboise, ou Delille (cours Sablon), avec ses statuettes, ses colonnes, ses vasques, et sa délicate ornementation. — A la même époque appartiennent : la Sainte Chapelle de Vic-le-Comte (P.-de-D.); celle d'Aigueperse (statues), et l'église de N.-D.

qu'il avait fait condamner : il s'adjugea les seigneuries de Thiers et de Thoury.

à Aigueperse (P.-de-D.), avec ses sculptures en bois, ses tableaux de Mantegna et de Ghirlandaio; la tour de l'Horloge à Riom (P.-de-D.), d'une élégante fantaisie, l'église Saint-Jean à Ambert; l'hôtel de Noailles à Aurillac (cheminée et peintures); quelques châteaux dans le Cantal et le Puy-de-Dôme (Cabannes, C.; La Chaux-Montgros, P.-de-D.), etc.

XII. L'Auvergne pendant les guerres de religion. — Lhospital. Merle. — Issoire.

I. Les guerres de religion en Auvergne. — La triste histoire que nous allons raconter est celle d'un pays riche et déjà civilisé, replongé tout à coup en pleine barbarie, par les passions religieuses d'abord, puis par les passions politiques les plus diverses. Ce fut vers la fin du règne de François Ier que les doctrines de Luther et de Calvin se répandirent en Auvergne. En 1540, un moine jacobin venant d'Allemagne s'arrêta à Issoire au commencement du carême, gagna à ses idées les deux consuls, Bonnel et Vial, et obtint d'eux la permission de prêcher. Le scandale fut grand : deux notables bourgeois, Duprat et Florat, firent venir de Clermont un cordelier pour réfuter le jacobin hérétique. L'église Saint-Paul fut le théâtre d'une rixe violente; on chassa de la chaire le jacobin à coups de bâton; mais en quittant la ville il y laissa des adeptes.

II. La réforme à Issoire. — Persécutions. — La persécution vint bientôt accélérer l'œuvre du prédicateur : c'est son effet ordinaire; « le sang des martyrs est prêcheur aussi ». En 1547, le bailli de Montferrand vint arrêter à Issoire Jean Brugère, disciple ardent de la réforme. Condamné à être brûlé vif sur le grand

marché de la ville, il subit son supplice avec un grand courage.
L'effet moral fut immense; le bailli multiplia en vain les arresta-
tions; la réforme gagna même l'abbaye d'Issoire, où quelques
moines bravèrent l'autorité de l'évêque. Elle eut des sectateurs
dans toutes les classes de la société. Un jurisconsulte auvergnat,
Anne Dubourg, conseiller au parlement de Paris, osa, en présence
du roi Henri II, prendre la défense du calvinisme : condamné au
supplice du feu, il mourut en martyr à l'âge de trente-huit ans
(1559).

III. Lhospital. — C'est la gloire de l'Auvergne d'avoir produit,
en ces temps de discordes, le seul homme qui ait fait pour maintenir la paix des efforts sincères, constants, héroïques. Michel de
Lhospital naquit à Aigueperse en 1505. Fils d'un médecin qui avait
accompagné le connétable de Bourbon dans sa fuite, il fut enveloppé, pendant tout le règne de François Iᵉʳ, dans la disgrâce qui
atteignit tous les amis de Bourbon. En 1537, il devint conseiller
au parlement de Paris; mais la corruption et l'ignorance de la
plupart de ses collègues l'éloignaient de ce corps où son intégrité
et sa science du droit lui assuraient cependant une si belle place.
Il se consolait des ennuis de sa profession par le culte des lettres
et surtout de la poésie latine. Sous Henri II, la faveur des Guises
et du chancelier Olivier le tira de l'obscurité; il fut envoyé comme
ambassadeur de France auprès du concile de Bologne, alors rival de
celui de Trente; puis il devint surintendant des finances à la cour
des comptes. Enfin, pendant le règne de François II, il fut nommé
chancelier de France, après la mort de son protecteur Olivier
(1560).

IV. Il prêche la tolérance — On peut louer dans Lhospital
le législateur qui, dans la mémorable *ordonnance de Moulins*, réa-

lisa de notables améliorations, et « fit parler les lois qui se taisent d'ordinaire dans ces temps d'orage ». Mais ce qu'on ne saurait trop admirer c'est l'homme d'État sincèrement chrétien, profondément humain, qui essaya inutilement de ramener la paix dans le royaume et le calme dans les esprits. A ceux qui disputaient avec fureur sur la lettre des livres saints il opposait l'esprit de l'Évangile. On cite de lui des mots admirables : « Nous avons ci-devant fait comme les mauvais capitaines, qui vont assaillir l'ennemi avec toutes leurs forces, laissant dénués et dépourvus leurs logis; il nous faut doré-navant garnir de vertus et de bonnes mœurs, et puis les assaillir des armes de charité, prière, persuasion, paroles de Dieu. » Et encore : « Le couteau ne vaut pas contre l'esprit... Otons ces noms diaboliques de luthériens, huguenots, papistes, ne changeons pas le nom de chrétiens. » Mais c'était une sagesse trop élevée pour être alors comprise; l'ambitieuse Catherine de Médicis se servit de l'équité du chancelier tant qu'elle eut intérêt à maintenir l'équili-bre entre les deux partis; puis elle se débarrassa de « cet autre Caton le Censeur ».

V. Troubles dans la province. — La nation n'accueillit pas mieux que la cour les principes de tolérance et d'humanité que prêchait le chancelier. Lhospital échoua dans ses deux tentatives de conciliation. Par l'édit de janvier 1561, il autorisa provisoire-ment la célébration du culte réformé; les protestants « l'édit de janvier au poing » abusèrent aussitôt de cette liberté nouvelle pour outrager, là où ils étaient les plus forts, le culte catholique. A Issoire, un pasteur de Genève, Guy Moranges, encouragea ces violences; sans souci de l'autorité royale, les habitants se don-nèrent un gouverneur, François de Chavagnac (1561). L'essai de conciliation théologique, au colloque de Poissy, ne fut pas

plus heureux. Partout les armes étaient prêtes : on courut aux
armes.

VI. Fureur des deux partis. — Alors commencèrent ces
affreuses guerres, les plus déplorables sans doute de notre histoire.
La sincérité des convictions explique l'animation des deux partis,
mais ne saurait excuser leurs crimes. Les catholiques, plus nombreux et soutenus par la royauté, oublièrent que le Christ avait
dit : « Qui frappe de l'épée, périra par l'épée », presque partout ils
entrèrent les premiers dans cette voie de sang. Les protestants, plus
unis et plus résolus, les y suivirent, non pour défendre seulement leur
croyance, mais pour écraser celle de leurs adversaires. Le courage
fut la seule vertu qui ne disparut pas au milieu de ces désordres; mais les deux partis le déshonorèrent à l'envi par leurs
violences.

VII. Premières luttes. — **Bataille de Cognat.** — Comme
pendant la guerre de Cent ans, l'Auvergne ne fut pas le théâtre des
grandes luttes; mais des bandes de partisans l'inondèrent, pillant
et brûlant, s'établissant dans les châteaux ou les villes, ainsi
qu'au XIVᵉ siècle. Les catholiques, commandés par Brezons, prirent
deux fois Aurillac (1561-1562). Les protestants, à la même époque,
pillèrent Saint-Paulien (près du Puy), l'abbaye de la Chaise-Dieu,
et la magnifique église dont l'avait dotée au XIVᵉ siècle un de ses
abbés, Beaufort-Canillac, devenu pape sous le nom de Clément VI.
La paix d'Amboise (1563) suspendit à peine les hostilités ; le voyage
du jeune Charles IX à travers l'Auvergne (1566) ranima la fureur
des catholiques; en 1567 un protestant qui avait refusé d'orner sa
maison de tentures au passage d'une procession, à Clermont, fut
brûlé vif par la populace. Presque aussitôt les huguenots, sous

la conduite de Poncenac, remportèrent une victoire sur les catholiques à Cognat, près de Gannat (1567), puis ils pillèrent Thiers, Maurs, Charroux; enfin en 1569, maitres à leur tour d'Aurillac, ils vengèrent cruellement les victimes de Brezons; des prêtres furent enterrés vifs, et leurs têtes servirent de cibles aux arquebuses des huguenots. La paix de Saint-Germain (1570), comme auparavant celle d'Amboise, ne fut qu'une trève; on ne désarma pas.

VIII. Le Saint-Barthélemy. Saint-Hérem. — La nouvelle de la Saint-Barthélemy vint ranimer en Auvergne les fureurs religieuses (1572). Ce grand crime conçu par la politique odieuse de Catherine, exécuté par le fanatisme de la populace, devait, dans la pensée de ses auteurs, s'étendre à toute la France. L'Auvergne en fut préservée, mais non, comme on l'a souvent dit, par un acte de courageuse humanité de son gouverneur.

Ce gouverneur était Gaspard de Montmorin, comte de Saint-Hérem. La lettre par laquelle le roi lui ordonnait de suivre en Auvergne l'exemple de Paris fut volée par un calviniste, dans une auberge, au courrier chargé de la remettre. Saint-Hérem n'osa pas prendre une décision si cruelle sur la seule parole du messager; il y eut donc plus de timidité que de générosité dans son refus.

IX. Mort de l'Hospital. — Il faut aussi compter au nombre des victimes de cette funeste journée Michel de l'Hospital.

Depuis 1568, il avait quitté le conseil du roi ne voulant pas servir d'instrument à la détestable politique de l'Italienne; retiré dans son modeste château de Vignai (le pouvoir ne l'avait pas enrichi), il apprit qu'une troupe de furieux se dirigeait vers sa demeure; ses gens se préparaient à le défendre. « Non, dit-il, qu'on ouvre

5.

la grille, qu'on les conduise à ma chambre, et si la petite porte n'est pas suffisante, qu'on leur ouvre la grande : j'ai assez vécu. » A ce moment des cavaliers envoyés par la reine mère accoururent avec un sauf-conduit royal, mais le vieillard était frappé au cœur; il répétait sans cesse le mot d'un poëte latin : « Périsse le souvenir de ce jour maudit ». Il mourut quelques mois plus tard (1573). « Il avait, dit Augustin Thierry, le génie d'un législateur, l'âme d'un philosophe, le cœur d'un citoyen. » Et un de ses contemporains, Étienne Pasquier, souhaitait « que tous les chanceliers pussent mouler leur vie sur la sienne ».

X. Magdeleine de Saint-Nectaire. — La nouvelle de la Saint-Barthélemy provoqua un soulèvement général des protestants en Auvergne, et la guerre prit un caractère d'acharnement plus marqué. En 1573 le château de Miremont, près de Mauriac, fut assiégé par les catholiques. Mademoiselle Magdeleine de Saint-Nectaire, qui s'y trouvait renfermée, renouvela les exploits épiques de la célèbre Jeanne de Montfort dans la guerre de Bretagne; elle fondit sur les catholiques en criant : « Qui m'aime me suive ! » traversa leurs rangs épais, et gagna le château de Turenne, d'où elle ramena triomphalement un secours qui délivra la place. « Ventre-saint-gris! s'écria à cette nouvelle le roi de Navarre, si je n'étais roi, je voudrais être Magdeleine de Saint-Nectaire. »

XI. Le capitaine Merle à Issoire. — C'est à ce moment qu'apparut dans notre province le plus redoutable des capitaines protestants du centre, Mathieu Merle. Fils d'un cardeur de laine d'Uzès, d'une bravoure et d'un sang-froid à toute épreuve, il eut pu, en d'autres circonstances, servir glorieusement son pays : « Avec Merle, disait un des chefs huguenots, j'irais attaquer l'enfer, fût il plein de cinquante mille diables. » Les guerres de religion firent de lui un partisan féroce, et il a laissé surtout en Auvergne de terribles traces de son apparition. Au commencement du règne d'Henri III, il s'empare, par un heureux coup de main, de la ville d'Issoire que les catholiques avaient occupée en vertu de la paix de Saint-Germain (1575). Il convoque les bourgeois de la ville, et entouré de ses soldats armés, il exige d'eux une contribution de 50 000 livres; il fait subir aux prêtres qui tombent en son pouvoir des supplices dont le récit fait horreur. Ses compagnons poussent l'avidité jusqu'à fouiller dans les tombes, et la barbarie jusqu'à placer dans le lit de leurs hôtes les cadavres qu'ils ont exhumés.

XII. Prise d'Ambert. — En 1577, il s'empare d'Ambert, réunit les bourgeois sur la place publique et leur demande une énorme rançon : ceux-ci se récrient; il fait tirer sur eux; vingt-cinq restent sur le sol.

XIII. Siége et prise d'Issoire. — La revanche des catholiques fut terrible, et Issoire en fut la victime. Pour étouffer ce foyer du protestantisme Henri III envoya à Saint-Herem une armée commandée par son frère le duc d'Anjou, et forte de 18 000 hommes, 14 canons et 14 coulevrines. Le siége fut long; la ville était admirablement défendue par un protestant plein de courage et de talent, François de Chavagnac (1577). Les assiégés eurent quelques avantages qui exaltèrent leur courage fanatique. Mais Merle, dont on attendait le secours, ne parut pas; la misère et la mortalité devinrent effrayantes. Chavagnac malade se fit porter dans sa chaise sur les remparts, et repoussa un dernier assaut avec un admirable sang-froid. Enfin il fallut capituler.

Le 13 juin, pendant qu'on discutait les conditions de la reddi-
tion, les troupes royales firent irruption dans la ville qui fut livrée
à toutes les horreurs d'une prise d'assaut au XVIᵉ siècle; or à aucune époque peut-être les bandes de soudards abandonnées à elles-
mêmes ne furent plus sauvages. Le vol, la débauche, le meurtre
régnèrent en maîtres pendant trois jours et deux nuits; l'incendie
acheva l'œuvre de l'armée royale. Quelques catholiques vinrent au
camp implorer la clémence du duc d'Anjou. Ils ne furent pas
reçus : le duc dormait! La vengeance du duc d'Anjou ne s'arrêta pas là; il fit démolir par les paysans des villages voisins ce
qui restait de la cité en ruines : au milieu de la place principale on éleva une colonne sur laquelle ou grava ces mots : *Icy
fust Issoire.*

XIV. Issoire se relève de ses ruines. — Issoire semblait à
jamais effacée du nombre des villes. Mais après le départ des troupes
royales, quelques habitants qui avaient erré longtemps dans la
campagne vinrent bâtir des huttes au milieu des ruines; d'autres
les suivirent. En 1577 ils députèrent deux d'entre eux à Paris pour
demander l'autorisation de reconstruire leur ville et de relever
leurs murs : Henri III écrivit au bas de leur requête : « Ne se peut. »
Toutefois les Issoiriens surent intéresser à leur cause un noble auvergnat, la Guesle, procureur général au parlement de Paris; il usa
en leur faveur de son influence; on fit droit à leur requête, et Issoire sortit de ses ruines. Mais l'histoire de ses malheurs n'est pas
encore terminée (1).

Rien ne pouvait dépasser l'horreur des derniers exploits des protestants et des catholiques. Après le sac d'Issoire, il y eut une sorte

(1) Pour ce chapitre et le suivant, voir l'*Histoire des guerres de religion
en Auvergne*, par Imberdis.

de répit dans la lutte, jusqu'au moment où la Ligue vint ranimer en Auvergne la lutte civile.

XV. Monuments et excursions historiques. — II. *Issoire*. Cette ville détruite entièrement au XVIᵉ siècle, est toute moderne et sans caractère. Mais elle possède le type le plus achevé de l'art roman en Auvergne, l'église Saint-Paul (voûtes et chapiteaux remarquables, chapelles rayonnantes, bas-reliefs extérieurs, représentant les signes du Zodiaque, etc.). — III. Statue de L'Hospital à Aigueperse, dans l'Hôtel de ville. — VII: *Thiers* a gardé des traces de l'invasion huguenote : une inscription dans l'église S.-Genest, rappelle l'incendie de 1568. — On voit à Thiers quelques maisons curieuses (*le château* en brique et en bois), des consoles en bois sculpté (les sept péchés capitaux), quelques portes armoriées, et un reste de porte fortifiée, au Moutier. — X. *Miremont*, ruines de ce château à Chalvignac (pr. de Mauriac. C.).

XIII. L'Auvergne pendant la Ligue et sous le règne de Henri IV.

I. La Ligue en Auvergne. — L'autorité royale s'était affaiblie pendant les guerres de religion ; elle fut annulée pendant la Ligue. L'Auvergne avait déjà fait un pas en arrière et reculé jusqu'aux désordres de la guerre de Cent ans ; elle fit un pas encore et retomba dans le chaos de l'ère féodale.

II. Le comte de Randan. — **Allègres.** — La Ligue se développa en Auvergne de 1585 à 1588. On peut étudier dans notre histoire provinciale les causes diverses de ce vaste mouvement que les passions religieuses ne suffisent pas seules à expli-

quer. Il y a de tout dans la Ligue : ambitions de grands seigneurs
qui veulent, en se rendant indépendants dans leurs provinces, recommencer une troisième fois la féodalité; c'est ce que désirent dans la
haute Auvergne le comte de Lastic, dans la basse Auvergne Jean
Louis de La Rochefoucauld, comte de Randan, nommé gouverneur
par Henri III, mais secrètement dévoué aux Guises; agitations po-
pulaires, instincts démagogiques dans les villes, sur lesquelles le
pouvoir absolu de la royauté commence à peser lourdement, cela
est, il est vrai, plus sensible à Paris que dans les provinces; riva-
lités des villes entre elles : Riom, depuis qu'on l'a dépouillé de
son présidial, déteste Clermont; Riom sera pour la Ligue et Clermont pour le roi; antagonisme de familles également puissantes
dans les cités : à Clermont les Enjobert et les Mauguin menacent
de partager la ville en deux camps; ces derniers, parents d'un
vicaire général, sont pour l'évêque, c'est-à-dire pour la Ligue. Les
querelles de ménage elles-mêmes donnent un appoint aux factions.
La femme d'Henri de Navarre, la sœur d'Henri III, Marguerite de
Valois, belle et spirituelle, mais corrompue par la contagion des
vices de la cour, après avoir lassé son mari par ses désordres
et irrité son frère par ses intrigues, chassée par l'un, enfermée
par l'autre au château d'Usson, séduit à force d'artifices son gar-
dien Canillac, trompe sa surveillance et se met en campagne pour
la Ligue avec 400 soldats. Voilà de quels éléments se compose ce
vaste mouvement déjà révolutionnaire, encore féodal, où se con-
fondent les intérêts et les passions de toute espèce et de toute
époque.

De 1585 à 1588 les ligueurs et les royalistes agissent à couvert
et cherchent à prendre de bonnes positions pour la lutte prochaine.
Le comte de Randan, puissant dans la province, frère de l'évêque
de Clermont, brave, avisé, magnifique, vrai chef de parti, fut la

tête et le bras de la Ligue en Auvergne. Un autre seigneur, le marquis d'Allègres, dévoué à la cause royaliste, avait été secrètement chargé par Henri III de le surveiller et de contenir les ligueurs.

III. Issoire. — Issoire fut encore l'objectif des deux partis, en deux ans elle ne fut pas prise moins de *cinq fois* par Allègres ou par Randan, introduits furtivement tour à tour par leurs affidés, les Aulteroches, royalistes, et les Chauvetons, ligueurs. Lourdes contributions, vexations, vengeances personnelles, accompagnaient chacune de ces vicissitudes politiques.

IV. États généraux de Blois. — La convocation des états généraux de Blois en 1580 vint encore surexciter les partis et aviver la haine que Riom portait à Clermont. Les deux villes se disputèrent l'honneur de réunir les députés des bonnes villes pour procéder à l'élection des représentants de la province. Après quelques tergiversations, Henri se prononça en faveur des Clermontois, qui lui avaient donné des marques de leur fidélité. Dès lors les Riomsois étaient irrévocablement acquis à la Ligue.

V. Les états de Billom. — La nouvelle de l'assassinat des Guises (décembre 1588) produisit dans toute la province une effervescence extraordinaire. Le comte de Randan agitant ouvertement le pays, Henri III le destitua de ses fonctions de gouverneur; il se mit alors en révolte ouverte et convoqua les états de la province à Billom. Cette ville, qui avait eu au moyen âge une université florissante, possédait depuis 1555 un collége de jésuites, et était devenue un des foyers de la Ligue. Les habitants de Riom, après une procession solennelle, envoyèrent quatre des leurs reconnaître à Billom l'autorité de Randan et de la Ligue. Ceux de Clermont et de Montferrand s'accordèrent pour rester fidèles au roi, et refusèrent de se faire représenter aux états. Aussi le premier acte des états de Billom fut-il de déclarer la ville de Clermont déchue de ses droits, et de conférer à Riom le titre de capitale d'Auvergne ; puis on rédigea le serment que toutes les villes devaient prêter, sous quatre jours, à « la religion et à la sainte union ». L'enthousiasme ou la crainte rendirent les adhésions nombreuses ; à Riom, près de quatre cents notables et *quinze dames* prêtèrent publiquement le serment après les consuls. La contagion gagna un grand nombre de villes.

VI. Les protestants. — Ajoutons que les protestants, qu'on semblait oublier, ne s'oubliaient pas : ils s'emparaient de la forte place d'Herment, du château de Buron, près de Vic-le-Comte, de la ville de Maringues, sur l'Allier.

VII. État de la province en 1589. — Tel était l'état de la province au moment où Henri III fut assassiné par Jacques Clément (août 1589). Un intéressant mémoire rédigé par Jean de Vernyes, président de la cour des aides de Montferrand, tout dévoué à la cause royale, nous donne un tableau exact du pays : pour le roi, Clermont, Montferrand, Saint-Pourçain, Auzon, Vic-le-Comte, Vodables, Royat, Nohanent, et les châteaux forts d'Ibory, de Noëlle, de Mercurol et de Tournoel ; pour la Ligue, Riom, Beaumont, Cebazat, Saint-Saturnin, Pont-du-Château, Lezoux, Courpière, Issoire, Cusset, Brioude, Ebreuil, Langeac, Saint-Nectaire, Sauxillanges, Ardes, Combronde, Billom, le château d'Usson, etc. ; aux protestants, Herment et le château de Buron. Thiers, Maringues, tout le plat pays était rançonné, tantôt par les uns, tantôt par les autres.

Dans la haute Auvergne, même anarchie, Saint-Flour aux ligueurs, Salers aux royalistes, Chaudesaigues, Maurs et le château de Miramont aux protestants. On devine combien de rixes, de pilleries, de misère devait produire ce morcellement qu'on ne peut comparer qu'à celui du XIe siècle.

VIII. Henri IV et les Clermontois. — L'état de l'Auvergne était à peu près l'état de la France lorsque le chef de la dynastie des Bourbons monta sur le trône en 1589. On sait au milieu de quelles difficultés Henri IV, « roi sans royaume, mari sans femme, guerrier sans argent », reçut le pouvoir et par quel étonnant mélange de bravoure, d'habileté politique, de séductions naturelles il triompha de tous ses ennemis. En ce qui concerne l'Auvergne, il songea d'abord à s'assurer la fidélité des Clermontois; il leur adressa une lettre de ce style alerte et chaleureux dont il avait le secret, et reçut en retour le solennel engagement des échevins et des notables de la ville; le marquis d'Effiat fut envoyé par lui en Auvergne pour organiser les forces royales, pendant que Randan sollicitait tous les ligueurs à un suprême effort.

IX. Bataille de Cros-Rolland. — Mort de Randan. — Issoire, tant de fois visitée par la guerre civile, fut encore le théâtre du dénoûment. A la fin de 1589, les royalistes avaient surpris cette ville; les ligueurs accoururent pour la reprendre et ne réussirent qu'à s'emparer des faubourgs. Une armée royale s'avança pour mettre un terme à cette étrange situation; elle était commandée par Chabannes de Curton et le marquis d'Allègres. Randan et les ligueurs qui occupaient la moitié d'Issoire marchèrent contre elle : la bataille s'engagea à Cros-Rolland, près de la ville; la Ligue fut vaincue, et Randan mortellement blessé, le jour même où Henri IV battait Mayenne à Ivry (14 mars 1590). Curieuse coïncidence ! Un des chefs royalistes, Missilhac, criait aux siens, en poursuivant les vaincus dans la plaine d'Issoire : « *Nous sommes tous Français, ne nous tuons pas les uns les autres* », à l'heure même où le *roi des braves* disait à ses soldats : « *Quartier aux Français !* » Le patriotisme et l'humanité parlaient enfin.

X. Fin de la Ligue en Auvergne. — Ce fut pour la Ligue, comme pour son chef, le coup mortel, mais l'agonie fut longue et violente. On se battit encore à Tournoel, à Beauregard-l'Évêque, à Ambert : là un royaliste reconnut dans un ligueur, qu'il venait de tuer, son père ! Les royalistes, sous la conduite du marquis d'Allègres devenu lieutenant général du roi, et des capitaines Chappes et Basset, conservèrent leurs avantages. La lassitude au reste devenait générale. Riom, la ville ligueuse, n'envoya pas de députés aux états de la Ligue en 1593, et en 1594 elle fit sa soumission à Henri IV qui venait d'abjurer. Le duc de Nemours, chef suprême de la Ligue dans le centre, vint promener ses armes en Auvergne, sans succès, avant de faire comme les autres son accord avec le roi. L'édit de Nantes (1598) donna aux protestants d'Auvergne Maringues comme place de sûreté.

Mais il fallut longtemps avant que la paix morale pût renaître dans cette société bouleversée. Les vieilles haines et l'esprit de révolte persistèrent longtemps. Allègres fut assassiné à Issoire par les affidés des Aufteroches, ses anciens amis devenus ses ennemis mortels. Charles de Valois, comte et gouverneur d'Auvergne, conspira deux fois contre Henri IV. Il était plus facile d'en finir avec la Ligue qu'avec l'esprit de la Ligue.

XI. Monuments et excursions historiques. — II. *Randan,*

château, en grande partie moderne, appartenant à la famille d'Orléans. — *Usson*, pr. de Sauxillanges (P.-de-D.), ruines du château
de Marguerite de Valois. — V. *Billom*, l'église de Saint-Cerneuf
appartient à diverses époques (tombeau du XIVe siècle). C'est
dans le collége des Jésuites de Billom, que se trouvait le fameux tableau allégorique conservé au musée des Archives (un
vaisseau portant tous les rois de l'Europe, et dirigé par les religieux). — Il y a un jour de l'année où l'imagination peut évoquer
aisément le souvenir du temps de la Ligue : c'est le soir du Jeudi
Saint, lorsque la curieuse procession traditionnelle, avec ses cos-
tumes bizarres, défile aux flambeaux sous les voûtes et les vieilles
portes, dans les rues étroites et montueuses.

XIV. L'Auvergne sous la monarchie absolue. — Les Grands Jours d'Auvergne. — Pascal. — Hommes célèbres.

1. L'unité nationale. — L'histoire politique de l'Auvergne est
à peu près terminée au commencement du XVIIe siècle. A ce moment du reste dans toute la France la vie provinciale cesse d'être
distincte de la vie nationale. Jusqu'à l'établissement définitif de la
monarchie absolue, chaque province était comme un individu tantôt ennemi, tantôt allié des autres individus composant avec lui la
famille française, ayant ses intérêts, ses passions, ses revers et ses
retours de fortune, conservant en un mot son existence propre, sa
personnalité. Tout change, grâce aux efforts de Louis XI, de
François Ier, de Richelieu, de Louis XIV. La France devient un
corps puissant et les provinces en sont les membres, un même
sang y circule, les mêmes maux les épuisent, les mêmes soins les

raniment, les mêmes espérances les feront bientôt tressaillir à l'approche de la révolution : l'unité est faite.

II. Les grands hommes. — L'histoire provinciale conserve cependant un certain intérêt. Si les grands faits deviennent de plus en plus rares, les grands hommes se multiplient, résumant en eux le caractère de leur province, héritant de ses traditions, perpétuant sa gloire. L'Auvergne, sous ce rapport, tient un rang honorable dans la famille française.

III. Savaron. — Les états généraux de 1614 mirent en lumière les talents et le courage d'un Clermontois, Jean Savaron, lieutenant général de la sénéchaussée d'Auvergne. Dans les débats fort vifs qui éclatèrent entre la noblesse et le tiers état au sujet des pensions des grands, Savaron, choisi comme orateur par le tiers, fut tour à tour, devant le clergé, la noblesse et le roi, conciliant, fier, éloquent même, surtout en parlant de la misère du peuple. « Que diriez-vous, sire, si vous aviez vu dans vos pays de Guyenne et d'Auvergne, les hommes paître à la manière des bêtes ? Cette nouveauté et misère inouïe dans votre État, ne produirait-elle pas dans votre âme royale un désir digne de votre majesté pour subvenir à une calamité si grande ? et cependant cela est tellement véritable que je confisque à votre majesté mon bien et mes offices si je suis convaincu de mensonge. Quelle pitié qu'il faille que votre majesté fournisse par chacun an, cinq millions six cent soixante mille livres, à quoi se monte l'état des pensions qui sortent de vos coffres ! Si cette somme était employée au soulagement de votre peuple, n'aurait-il pas de quoi bénir vos royales vertus ! » La noblesse irritée demanda satisfaction de ces paroles. « Je n'ai, dit Savaron, ni de fait, ni de volonté, ni de paroles, outragé messieurs de la noblesse. Mais avant de servir le roi comme officier de justice, j'ai porté les armes, de sorte que j'ai moyen de répondre à tout le monde *en l'une et l'autre manière.* » On aime à surprendre, sur les traits du grave magistrat, cette expression de fierté légitime.

IV. Ses œuvres. — Savaron fut aussi un érudit remarquable, et l'histoire d'Auvergne doit beaucoup à ses savantes recherches. Son principal ouvrage a pour titre : *les Origines de Clairmont.* Sa critique est sûre, mais son exposition diffuse et peu méthodique. On voit encore à Clermont la maison où il naquit en 1567 et où il mourut en 1623.

V. Démolition des châteaux forts. ²— En 1627, Richelieu ordonna la démolition des châteaux forts. Cette mesure rigoureuse était nécessaire. Pendant les guerres de religion, les seigneurs, derrière leurs murailles épaisses, avaient impunément bravé la force et la justice de la royauté. Nul désormais dans le royaume ne devait avoir d'autre protection que la loi; nul surtout ne devait avoir de protection contre la loi. Les municipalités exécutèrent avec ardeur, mais avec ordre, « ce qu'on pourrait appeler l'aplanissement politique du sol français ». L'Auvergne renfermait un grand nombre de ces citadelles redoutées, repaires de tyrannie ou de brigandage : les murs des châteaux de Nonette, d'Ybois, de Montpensier, de Vertaizon, d'Usson, furent jetés à terre. Ce dernier surtout était formidable; Richelieu assista à la démolition. Remarquons que la mine et la pioche des démolisseurs ne s'attaquèrent qu'aux fortifications.

Les habitations seigneuriales furent respectées : il est vrai qu'elles ne survécurent guère à leurs terribles enceintes, car leurs possesseurs les abandonnèrent pour la plupart, dès le début du règne de Louis XIV, afin d'aller vivre à la cour.

VI. Les Grands Jours d'Auvergne (1665). Fléchier. — Mais tous les châteaux ne furent pas détruits; tous les seigneurs ne quittèrent pas la province pour la cour; et du reste la nature âpre et rude d'une partie de l'Auvergne était trop favorable à la sauvage indépendance de la vie féodale pour que celle-ci disparût tout à coup dans un pays où elle avait poussé de si profondes racines. Aussi pendant toute la première moitié du XVIIe siècle, l'Auvergne, surtout l'Auvergne montagneuse, fut-elle comme livrée en proie à de terribles petits tyrans, dignes émules des barons du XIe siècle par leur avidité, leurs fantaisies féroces et leur insolent mépris de toute autorité. Des crimes nombreux étaient commis, leurs auteurs connus; mais les juges du présidial de Riom étaient trop faibles, le parlement de Paris trop éloigné. Pour porter remède à ces maux et « faire puissamment régner la justice », Louis XIV et Colbert décidèrent que des Grands Jours seraient tenus en Auvergne en 1665. On appelait ainsi des assises extraordinaires destinées à inspirer aux provinces troublées un effroi salutaire. Les Grands Jours de Clermont sont surtout restés célèbres à cause de l'élégant récit qu'en a composé Fléchier. L'abbé Fléchier, qui devait être plus tard une des gloires de la chaire, était alors un bel esprit aimable; attaché à M. de Caumartin, un des magistrats des Grands Jours, il le suivit en Auvergne et retraça d'une plume légère le curieux spectacle auquel il assistait.

La tenue des Grands Jours offrit un nouvel aliment à l'éternelle rivalité de Clermont et de Riom; on espérait retenir les magistrats

à Riom. Ils ne firent qu'y passer. Aussi à Clermont célébra-t-on
la déception de Riom par des chansons :

> De vos apprêts magnifiques,
> Les grands jours sont passés :
> Adieu, fermez vos boutiques;
> Ils vous ont vus : c'est assez!

VII. Canilhac, d'Espinchal. — Les Grands Jours qui s'ouvrirent
le 26 septembre avaient frappé les grands de terreur, les petits
de joie; les paysans prenaient à leur tour des allures menaçantes
vis-à-vis de leurs seigneurs. Les juges répondirent à l'attente générale en frappant un grand coup. Ils firent arrêter, juger et exé-
cuter le vicomte de Lamothe-Canilhac, qui avait, dans une embus-
cade, blessé un gentilhomme et tué un de ses serviteurs. « C'était,
dit Fléchier, le plus innocent des Canilhac. » Cette famille des
Montboissier-Canilhac, qui avait donné à l'Église deux papes, des
abbés de Cluny, etc., avait d'étranges représentants. « Le marquis
de Canilhac levait dans ses terres la taille de monsieur, celle de
madame et celle de tous les enfants de la maison... Il entretenait
dans des tours douze scélérats, dévoués à toute sorte de crimes,
qu'il appelait ses douze apôtres, qui catéchisaient avec l'épée ou
avec le bâton ceux qui étaient rebelles à sa loi. Il leur avait donné
des noms fort apostoliques, *Sans-fiance, Brise-tout*, etc. » Il fut dé-
capité... en effigie. «Il l'avait déjà été autrefois par arrêt du parle
ment de Toulouse, il avait vu lui-même d'une fenêtre voisine son
exécution, et avait trouvé fort plaisant de se voir mourir dans la
rue, pendant qu'il se portait bien chez soi. » Comme lui la plupart des criminels fameux avaient fui. Le plus étonnant, M. d'Espinchal, dont les exploits formeraient un vrai roman d'aventures,

« beau comme un ange, méchant comme un diable », était devenu de bonne heure une sorte de héros légendaire du crime dans sa province, et même à Paris. Ayant appris qu'un de ses ennemis avait obtenu une audience du roi pour demander son châtiment, il le fit appréhender à la porte du Louvre par quatre bandits déguisés en sergents de la maréchaussée. Le malheureux suppliait les passants de le délivrer : « C'est un grand criminel », répondaient les sergents, et ils l'emportèrent au milieu de la foule étonnée, jusqu'aux portes de Paris, où il ne dut qu'au hasard d'être arraché à ses assassins. D'Espinchal fit mieux encore. Le présidial de Riom venait de le condamner à mort par contumace. Il se rendit à Riom, alla faire visite à tous les juges, montra à chacun d'eux une boîte de fer-blanc : elle renfermait, disait-il, des lettres de grâce que le roi avait eu la bonté de lui donner, et qu'il aurait l'honneur de leur remettre entre les mains le lendemain. « Après qu'il leur eut fait ce compliment, il monta à cheval et leur envoya la boîte vide, dont ils furent surpris extrêmement. » Jamais on n'avait porté dans le crime tant d'audace, de fantaisie et de belle humeur. Lorsque les Grands Jours ordonnèrent son arrestation, il trompa leur poursuite par mille ruses, et parvint à leur échapper. Il fut exécuté en effigie ; il obtint plus tard sa grâce, et rentra même en faveur. Les Grands Jours furent donc un avertissement salutaire plutôt qu'une sérieuse répression.

VIII. **Conséquences de l'édit de Nantes.** — Lorsqu'en 1685, Louis XIV révoqua l'édit de Nantes, l'Auvergne porta, comme la plupart des autres provinces, le poids de cette grande faute. Plusieurs villes furent ruinées, entre autres Maringues, Ennezat, Job, Marsac. Les belles papeteries de Thiers, d'Ambert, de Chamalières, furent dépeuplées, et leurs ouvriers allèrent porter le secret de leur industrie à l'Angleterre.

IX. Pascal. — L'histoire politique d'Auvergne n'offre pas d'autres événements importants jusqu'à la veille de la révolution française. Mais combien de grands noms appellent alors notre attention! Le plus grand est celui de Pascal. C'est à Clermont (passage Vernine) que naquit, en 1623, « cet homme qui a douze ans, *avec des barres et des ronds,* avait créé les mathématiques! qui à treize ans avait fait le plus savant traité des sections coniques qu'on eût vu depuis l'antiquité, qui à dix-huit ans avait réduit en machine une science qui existe tout entière dans l'entendement, qui à vingt-trois ans démontra le phénomène de la pesanteur de l'air, et détruisit une des grandes erreurs de l'ancienne physique, qui à cet âge où les autres hommes commencent à peine à vivre, avait achevé de parcourir le cercle des sciences humaines et tourna ses pensées vers la religion. » (Châteaubriand.) *La machine arithmétique,* pour abréger les calculs, la résolution du fameux problème de la *roulette,* les expériences sur la pesanteur de l'air faites à Rouen, à Paris, et au sommet du Puy de Dôme, c'est-à-dire le *baromètre,* voilà ce que la science doit à Pascal. Il inventa aussi le *haquet* ou *brouette des vinaigriers;* il conçut peut-être la première idée des *omnibus* (carrosses à 5 sous). Mais ce n'est encore là que la moindre partie de sa gloire : deux de ses ouvrages le mettent au premier rang parmi nos grands écrivains; et il est à la fois l'un des créateurs et l'un des maîtres de notre prose. Il avait embrassé avec ardeur les doctrines des jansénistes; en 1656, pour les venger des attaques des jésuites, leurs adversaires, il écrivit ses *Lettres provinciales,* chef-d'œuvre d'ironie cruelle et d'indignation éloquente. Il travaillait à la fin de sa vie à

6

un grand ouvrage sur la religion; il n'eut pas le temps de l'ache-
ver, mais on en a recueilli, sous le titre de *Pensées*, des fragments
admirables. Il mourut en 1662, à l'âge de trente-neuf ans. Pascal
n'est pas seulement une des gloires de la France, son génie est de
ceux qui honorent l'esprit humain.

X. Domat. Les jansénistes. — Le jurisconsulte Domat est aussi
une des gloires de l'Auvergne, gloire plus modeste, mais solide et
durable. Il naquit à Clermont en 1625, et mourut à Paris en 1696.
Son grand ouvrage a pour titre : *des Lois civiles dans leur ordre
naturel.* « C'est le plan général de la société civile, le mieux fait,
le plus achevé qui ait jamais paru », dit d'Aguesseau; et Boileau
appelle Domat « le restaurateur de la raison dans la jurispru-
dence ». Il était l'ami de Pascal, et demeura toute sa vie fidèle aux
idées des jansénistes. L'Auvergne a donné à cette secte un grand
nombre de ses défenseurs les plus fidèles, entre autres Arnaud,
« le grand Arnaud », dont il faut admirer au moins le savoir et le
courage infatigable. « Quand donc nous reposerons-nous? » lui
disait un des compagnons de sa vie errante, las de la persécution et
de la proscription. « Nous reposer? dit Arnaud. Eh! n'avons-
nous pas l'éternité pour nous reposer? » Citons aussi Soanen,
évêque de Senez, qui essaya de recommencer la lutte au début
du XVIIIᵉ siècle.

XI. Hommes célèbres du XVIIIᵉ siècle. — L'Auvergne
du XVIIIᵉ siècle ne fut pas stérile; elle ne produisit pas d'hommes de
génie, mais un assez grand nombre d'hommes de talent ou de mérite :
elle donna à la littérature Marivaux, né à Riom, auteur de comé-
dies dont l'intrigue est ingénieuse, l'observation délicate, le style
agréable mais maniéré; Thomas, né à Clermont, prosateur un peu

emphatique, dont les *Éloges* sont moins lus aujourd'hui qu'autrefois; Champfort, né à Theix, écrivain spirituel et mordant; le poëte Delille, né à Chanonat, qui a trop souvent affaibli Virgile en le traduisant; ses nombreux poëmes descriptifs étaient fort admirés sous l'empire, et une sorte d'école poétique se créa autour de lui. Pour les sciences, il faut citer l'astronome Jean Chappe, savant courageux qui entreprit deux pénibles voyages, en Sibérie et en Californie, pour observer le passage de Vénus sur le soleil. C'est en Auvergne qu'est né, au château de Ravel, le comte d'Estaing, qui fut un des plus brillants chefs d'escadre pendant la guerre de l'indépendance d'Amérique : les d'Estaing furent les derniers châtelains de Murol. Il faut joindre à ces noms, ceux de quelques hommes laborieux qui ont fait de l'Auvergne l'objet unique de leurs travaux, et dont l'illustration n'a guère dépassé les limites de la province : Chabrol, le savant commentateur de la *coutume d'Auvergne;* Bergier, auteur d'un important travail sur les états généraux et les états provinciaux d'Auvergne, et le naturaliste Delarbre, etc.

XII. Massillon, évêque de Clermont. — L'Auvergne a aussi quelque droit de regarder comme sien un des grands orateurs chrétiens du XVIIIe siècle, l'auteur du *Petit Carême.* Massillon, né à Hyères, fut en effet évêque de Clermont pendant vingt-cinq ans, de 1717 à 1742, et il honora ce siége épiscopal par ses vertus, comme il avait honoré par son talent la chaire française : sa résidence favorite était le château des évêques de Clermont, à Beauregard-l'Évêque.

XIII. Les états généraux de 1789. — Malgré la sage et bienfaisante administration de quelques intendants, notamment de

M. de Balainvilliers, l'Auvergne souffrait avec toute la France des abus du pouvoir absolu et des droits féodaux qui avaient survécu à la féodalité elle-même. Les symptômes de la révolution s'y manifestèrent comme partout, et ce fut avec une ardeur extraordinaire qu'on procéda à l'élection des députés pour les états généraux (1789).

XIV. Monuments et excursions historiques. — V. C'est sous Richelieu que furent détruites la plupart des forteresses féodales de l'Auvergne. Au reste le pittoresque n'y a rien perdu. Ces ruines variées complètent partout le décor d'un merveilleux paysage. — VI. *Deux maisons historiques* à Clermont appellent l'attention, celle de Savaron (rue Savaron, voûte, porte intérieure), celle de Pascal (passage Vernines, rue des Chaussetiers). Une statue du grand écrivain s'élèvera bientôt sur une des places de Clermont.— X. Statue de Domat dans l'Hôtel de ville de Clermont. — XI. On se fera en Auvergne une idée de l'architecture et de la décoration des derniers siècles en visitant le château d'Effiat (famille de Cinq-Mars) près Aigueperse (P.-de-D.), ceux de Cropière (pr. de Vic-sur-Cère, C.) où naquit Mlle de Fontanges, de Sedaige (pr. Marmanhac, C.), de Montvallas (C.) et le parc de Mont-Joli (pr. Clermont) dessiné par Lenôtre. — XII. A Beauregard-l'Évêque (pr. Vertaison, P.-de-D.), château de Massillon, tour dominant la Limagne.

XV. La Révolution. — Desaix.

I. Départements. — Le 15 janvier 1790, l'assemblée constituante supprima l'ancienne division de la France en 32 provinces.

Les circonscriptions nouvelles s'appelèrent *départements*, et reçurent leur nom d'un fleuve, d'une montagne, d'une particularité physique. En effaçant les noms antiques et presque tous glorieux des provinces, l'assemblée cédait à une double nécessité : donner à l'administration plus de régularité, et faire tomber les barrières qui séparaient encore des pays longtemps isolés, jaloux, ou rivaux les uns des autres. — Mais effacés de la géographie, ces noms doivent garder leur place dans l'histoire. L'Auvergne forma deux départements, le Puy-de-Dôme et le Cantal. Une petite portion de l'Auvergne, le Brivadois (Brioude), fut jointe au département de la Haute-Loire.

II. Députés de l'Auvergne. — L'histoire d'Auvergne s'arrête à cette date. Nous ne saurions cependant la terminer sans citer les noms de quelques-uns des hommes célèbres qu'elle produisit pendant la révolution. A l'assemblée constituante elle envoya comme députés Malouet, né à Riom, esprit politique de premier ordre, partisan déterminé de la constitution anglaise, et non moins dévoué à la royauté qu'à la liberté ; le comte de Montlosier, observateur pénétrant en même temps que rêveur un peu chimérique, qui sans être orateur s'éleva quelquefois à la véritable éloquence. A la Convention notre province donna plusieurs hommes énergiques, ardents, appartenant à l'opinion la plus avancée, au parti terroriste : citons en première ligne Couthon, d'Orcet, ami de Robespierre dont il partageait les idées et dont il devait partager le supplice. Ce paralytique était le plus actif peut-être de tous les conventionnels ; il vint chercher dans son pays 20 000 paysans, « ses rochers d'Auvergne », qu'il conduisit avec Maignet d'Ambert, son collègue et son compatriote, au siège de Lyon en 1793. Puis Dulaure, moins connu pour son rôle politique

que pour les travaux de sa curieuse et infatigable érudition : le plus remarquable de ses ouvrages est l'*Histoire de Paris* ; Romme, l'un des auteurs du calendrier républicain ; le marquis de Soubrany, qui servit avec éclat dans l'armée des Pyrénées Orientales : tous deux prirent part à l'insurrection du 1er prairial (22 mai 1795) ; condamnés tous les deux à mort, ils se frappèrent du même couteau devant le tribunal. Il faut malheureusement joindre à cette liste de révolutionnaires auvergnats le nom de Carrier, le triste auteur des noyades de Nantes ; il était député du Cantal.

III. Desaix. Sa jeunesse. — Mais après les hommes de parti voici l'homme de la France. *Desaix* naquit à Saint-Hilaire d'Ayat, près de Riom, en 1768, d'une famille noble (de Veygoux). Sa naissance lui permit d'obtenir en 1783 un brevet de sous-lieutenant au régiment de Bretagne ; elle ne l'empêcha pas d'embrasser avec ardeur les idées nouvelles en 1789 ; et il demeura fidèle à la révolution, malgré les sollicitations de ses parents, qui, pour la plupart, avaient émigré de bonne heure. A l'armée du Rhin, son courage et ses talents se révélèrent avec éclat dans la campagne de 1793, qu'il fit sous les ordres de Pichegru ; il y gagna le grade de général de division. Sa victoire de Lauterbourg (déc. 1793) contribua puissamment à la reprise des lignes de Weissembourg. Sa modestie égalait son mérite ; il refusa le titre de général en chef en 1794, et cependant il en exerça deux fois utilement les fonctions par intérim. Moreau, dans sa belle campagne d'Allemagne (1796), trouva en lui un auxiliaire précieux ; Desaix se signala deux fois sous les murs de Kehl, par un passage du Rhin et par une défense opiniâtre ; il sortit de la ville en ruines, les drapeaux déployés, avec tous les honneurs de la guerre. Il com-

mença aussi la seconde campagne d'Allemagne sous les ordres de
Hoche, que la mort enleva trop tôt à son pays (1797). Sous ces
chefs illustres, dont la gloire n'effaçait pas la sienne, Desaix rendit modestement d'immenses services.

IV. Desaix en Égypte. — Ces qualités de premier ordre dé-
ployées au second rang le signalèrent à Bonaparte, qui l'emmena
en Égypte (1798). Le succès de la journée des Pyramides fut dû
surtout à la solidité des carrés d'infanterie formés par Desaix, et
sur lesquels vint se briser l'impétueuse cavalerie des mameluks.
Mais sa gloire véritable, c'est la belle expédition qu'il conduisit le
long du Nil, dans la moyenne et la haute Égypte. Il y déploya
toutes ses qualités : l'audace que demandait la conquête d'un pays
inconnu sur une race fanatique, la prudence que les ruses de
Mourad-Bey rendaient nécessaire, et aussi (c'est le côté original
de cette séduisante figure) une singulière curiosité scientifique.
Accompagné de quelques membres de l'Institut d'Égypte, il arra-
chait ses secrets à cette terre pleine d'antiques merveilles. Après
avoir remporté la victoire de Sédiman, il découvrait lui-même le
zodiaque de Denderah, et les ruines de Thèbes (1798-99). Bonaparte lui confia, pendant l'expédition de Syrie, le gouvernement de
l'Égypte : la douceur et la fermeté de son administration le firent
surnommer par les Égyptiens *le Sultan juste*.

V. Desaix à Marengo. Sa mort. — Cette belle vie eut une belle
fin. Il quitta l'Égypte le 3 mars 1800 pour venir se battre en Italie.
Retenu un mois prisonnier par les Anglais à Livourne, arrêté pendant quelques jours au lazaret de Toulon, il écrivit à Bonaparte :
« Quelque grade que vous me donniez, je serai content... Mais je
désire entrer en campagne sans délai : un jour mal employé est

un jour perdu. » Le 11 juin il arrive au quartier général; le 13, le premier consul l'envoie à Novi, craignant que les Autrichiens puissent s'échapper par là. Le 14, Desaix, collant son oreille à la terre, entend le bruit du canon : Bonaparte se battait à Marengo; il y ramène aussitôt ses troupes, réparant en toute hâte l'erreur du général en chef. Il était temps; deux fois déjà les Français avaient été repoussés : « Deux batailles ont été perdues, dit Desaix en tirant sa montre; mais il n'est que trois heures, il reste encore le temps d'en gagner une troisième. » Ses troupes fraîches chargent et jettent le désordre dans les troupes autrichiennes qui croyaient la journée finie. Marengo devint une grande victoire. Mais elle nous coûtait cher. Desaix, dès la première charge, était tombé mortellement blessé (14 juin 1800). Bonaparte ordonna qu'il fût magnifiquement enterré au grand Saint-Bernard.

VI. Son caractère. — «Desaix, a dit M. Thiers, égalait peut-être Moreau, Masséna, Kléber, Lannes, en talents militaires; mais par les rares perfections de son caractère il les effaçait tous. » On a pu juger en effet de sa modestie, de son désintéressement, de son équité. Son portrait ne serait pas complet si l'on n'y joignait les qualités aimables de son esprit et de son cœur : ses lettres à sa mère, à sa sœur, qu'il aimait tendrement, nous le montrent sincère, enjoué, affectueux surtout. On peut dire, sans exagération, qu'il fut l'honneur des armées républicaines, et Bonaparte lui a rendu ce magnifique hommage : « *Desaix aimait la gloire pour elle-même, et la patrie par-dessus tout.* »

C'est sur cet exemple, *sur cette leçon*, qu'il convient de s'arrêter. Une province a le droit d'être fière quand elle peut mettre au frontispice de son histoire le nom de Vercingétorix, et après y avoir inscrit ceux de Lhospital et de Pascal, placer à la dernière page celui de Desaix.

VII. Monuments et excursions historiques. —II. Le *tombeau du comte de Montlosier* est au milieu d'un bois, dans le parc de son château de Randanne (sur la route du Mont-Dore, P.-de-D.). — III. La *statue de Desaix*, à Clermont, sur la place de Jande.

FIN.

DESACIDIFIE à SABLE : 1994

TABLE DES MATIÈRES

BIBLIOTHÈQUE NATIONALE R F

	Pages
I. L'Auvergne. — Les premiers habitants de la Gaule. — Religion. — Mœurs. — Organisation politique	3
II. Conquête de l'Auvergne par les Romains. — Vercingétorix et César. — Gergovia. — Alesia	10
III. Les Arvernes sous la domination romaine. — Le christianisme en Auvergne	17
IV. L'Auvergne pendant l'invasion. — Les Wisigoths. — Sidoine Apollinaire. — Ecditius	24
V. L'Auvergne sous les Wisigoths et les Francs Mérovingiens. — Grégoire de Tours	30
VI L'Auvergne depuis Charles Martel, jusqu'à l'avénement de Hugues Capet. — Guerre d'Aquitaine. — Les Normands	38
VII. L'Auvergne ecclésiastique. — Monastères. — Gerbert — Concile de Clermont. — La première croisade	44
VIII. L'Auvergne féodale. — Fréquentes interventions de la royauté. — Démembrement du comté d'Auvergne	48
IX. La révolution communale en Auvergne	55
X. L'Auvergne pendant la guerre de Cent ans. — Les grandes Compagnies. — Les États provinciaux	61
XI. L'Auvergne sous la maison de Bourbon. — Réunion définitive à la Couronne	69
XII. L'Auvergne pendant les guerres de religion. — Lhospital. — Merle. — Issoire	77
XIII. L'Auvergne pendant la Ligue, et sous le règne de Henri IV	85
XIV. L'Auvergne sous la monarchie absolue. — Les Grands Jours d'Auvergne. — Pascal. — Hommes célèbres	91
XV. La révolution. — Desaix	100

FIN DE LA TABLE DES MATIÈRES

LECTURES COURANTES DES ÉCOLIERS FRANÇAIS

A L'USAGE DES ÉCOLES DES DEUX SEXES

La Famille — La Maison — Le Village — Notre Pays

Par CAUMONT

NOTRE DÉPARTEMENT (PUY-DE-DOME)

Par COUTON
Inspecteur de l'instruction primaire.

Livre de l'élève (avec lexique, questionnaires, exercices de mémoire, de grammaire, de réflexion, etc.). 1 vol. in-12 illustré, cart.... 1 50

Livre du maître contenant toutes les matières du livre de l'élève, et, de plus, les corrigés des exercices, les développements, des notes explicatives, etc. 1 vol. in-12 illustré, cart...................... 2 50

PETITE GÉOGRAPHIE
POUR LE DÉPARTEMENT

DU PUY-DE-DOME

A L'USAGE DE L'ENSEIGNEMENT PRIMAIRE

COMPOSÉE

sous la direction de **M. E. LEVASSEUR**, membre de l'Institut,

ET COMPRENANT

1° Géographie du département : une commune ; — le département (géographie physique, géographie politique et administrative, géographie économique, géographie historique) ;

Par **M. CUNE**, inspecteur d'Académie.

2° Notions premières sur le Globe ;
3° La France (géographie physique, géographie politique et administrative, géographie économique et description des départements ;
4° Europe (géographie physique, géographie politique) ;
5° Terre ;

Par **CH. PÉRIGOT**
Professeur d'histoire et de géographie au Lycée Saint-Louis

1 volume in-12 cartonné, avec de nombreuses vignettes.. 90 c.

PARIS. — IMPRIMERIE DE É. MARTINET, RUE MIGNON, 2.

www.ingramcontent.com/pod-product-compliance
Lightning Source LLC
Chambersburg PA
CBHW052135090426
42741CB00009B/2091